말맛이 살고 글맛이 좋아지는

EBS 초등

글 홍옥 | 그림 단주영

익숙한 듯 색다른 표현, 관용구의 맛에 빠져들어요!

'관용 표현'은 '둘 이상의 낱말이 합쳐져 본래의 뜻과는 다른 새로운 의미로 굳어져서 오랜 시간 널리 사용되어 온 표현'을 말해요. '속담'이나 '관용구' 등이 여기에 해당해요. 이러한 관용 표현은 짧은 문구로 자기 생각을 구체적으로 드러낼 수 있고, 재치가 있어서 상대의 기분을 상하지 않게 하기도 해요. 또 하고자 하는 말을 좀 더 효과적으로 전달할 수도 있지요.

그렇다면 관용 표현에 속하는 '속담'과 '관용구'의 차이는 무엇일까요? 우선 '속담'은 '예로부터 전해 내려오는 쉽고 짧은 잠언이나 격언'으로, 말 속에 교훈과 풍자, 유쾌한 해학과 삶의 지혜 등이 담겨 있어요. '빈 수레가 요란하다', '하나를 보면 열을 안다'가 그렇지요. 대개 하나의 문장으로 완성된 형태가 많고, 짤막한 구로 되어 있더라도 표현을 보면 어떤 의미인지 미루어 짐작할 수 있어요.

반면, '관용구'는 다른 말로 '관용어', '숙어', '익은말'이라고도 하는데, '두 개 이상의 단어로 이루어져 있으면서 그 단어들의 뜻만으로는 전체 의미를

알기 어려운, 특수한 의미를 나타내는 표현'이에요. 예를 들어 '귀에 못이 박히다'를 보면, 선뜻 무슨 뜻인지 짐작하기 어려워요. '귀'와 '못'의 연관성을 찾을 수 없기 때문이에요. 하지만 이 표현은 '같은 말을 여러 번 듣다'의 뜻이에요. 반복되는 말이나 잔소리가 지겨울 때 에둘러 하는 표현이지요. '콧대가 높다'도 마찬가지예요. 콧대가 오똑하다는 표현 같지만, 관용구로서의 이 말은 '잘난 체하고 뽐내는 태도가 있다'의 뜻으로 쓰여요. 도도하거나 매사 우쭐해하는 사람을 설명할 때 쓴답니다.

  이렇듯 관용구는 두서너 개의 낱말이나 짧은 문구로 어떤 상황을 전혀 새롭게 표현해요. 많은 사람이 오랫동안 사용해 온 말이라 어떤 관용구는 익숙하게 느껴질 수도 있어요. 하지만 대부분은 새로운 의미를 지니고 있어서 참신하고 재미있어요. 이들 뜻을 정확하게 알고 활용하면 부드러운 느낌을 주고, 말하거나 글을 쓸 때 좀 더 생생하고 맛깔나게 표현할 수 있어요.
  관용구의 다채로운 표현을 꼼꼼하게 이해하고 나서 두루두루 사용해 보세요. 여러분의 어휘력과 표현력이 나날이 좋아질 거예요.

차례

3장 말과 행동의 맛

트집을 잡으면…48
함부로 찧은 입방아…52
숨을 돌릴 사이…56
날밤을 새웠다고?…58
속을 떠봐도…62
관용구 사다리 타기…67

1장 황당한 맛

눈 깜짝할 사이…10
코를 빠뜨릴 뻔…12
눈물이 앞을 가리네…18
눈이 삐었나…20
귀가 얇은 편…24
관용구 사다리 타기…27

4장 생활의 맛

졸라맨 허리띠…70
파리 날리는 가게…72
입맛을 다시는 까닭…78
뼈만 남다니…82
피를 본 캥거루…84
관용구 사다리 타기…91

2장 긴장의 맛

머리 꼭대기의 달래…30
혀를 찬 이유…32
곤두선 머리털…36
고개를 절레절레…40
관용구 사다리 타기…45

5장 재주의 맛

손이 빠른 달래…94
토끼의 가려운 곳…96
다리를 놨을 뿐…100
난다 긴다 하는 웅이…102
가닥을 잡았다?…106
관용구 사다리 타기…109

6장 성격의 맛

배가 아픈데 혹시?…112
물불 가리지 마…116
구리의 오지랖…120
사라진 찬바람…122
엉덩이 전략…126
관용구 사다리 타기…129

7장 마음의 맛

가슴이 뜨끔!…132
척하면 착…136
심장이 콩닥콩닥…140
토끼의 직성…144
돌아선 마음…146
관용구 사다리 타기…149

8장 성공과 실패의 맛

퇴짜를 왜 맞아…152
피땀과 돈방석…154
할아버지의 이름…158
뜬구름을 잡아도…160
이게 웬 떡…164
관용구 사다리 타기…169

9장 자연의 맛

하늘이 노래지네…172
봄눈처럼 사르르…174
된서리 맞은 곰이…178
웅이는 빙산…180
관용구 사다리 타기…185

10장 먹어야 제맛

미역국 때문에…188
깨소금 맛…190
떡국 세 그릇…194
골탕 먹이는 방법…196
관용구 사다리 타기…201

★ 관용구 찾아보기…202

 EBS 초등 어맛! 시리즈는?

어휘력이 좋으면 공부가 재미있어지고, 말솜씨와 글솜씨 모두 좋아져요.
〈EBS 초등 어맛 시리즈〉는 재미있는 어휘 뜻풀이와 문장 활용을 통해
어린이들의 표현력과 문장력을 길러 줄 거예요.
맛있는 음식을 먹고 기분이 좋아지는 것처럼, 다양한 어휘와 표현을 맛보면서
풍요로운 언어생활을 즐겨 보세요.

등장인물

용이
평범한 5학년.
귀가 얇고 겁도 좀 있다.
자기 자신을 충분히
사랑하고 있어서 웬만한
상처는 금세 극복하는 편이며,
밝고 천진한 매력이 있다.
아이돌 가수 냉이의 팬이다.

아지
용이네 가족과 함께 사는 로봇 강아지.
말끝에 "휴먼."이라고 붙이는 버릇이 있다.
인공 지능 로봇인데 말을 곧이곧대로 해석할
때가 자주 있다. 마냥 귀엽다.

달래
용이와 장호의 같은 반 친구.
할머니, 할아버지랑 같이 살아서
그런지, '거시기'란 말을 자주 쓴다.
아이돌 가수 냉이의 사촌 동생이란
사실을 가는 사람만 안다.

다람이
장호가 애지중지
하는 반려 다람쥐.
아지와 매우 잘
지낸다.

웅이
3학년. 용이 동생.
털 알레르기가 있어서
로봇 강아지 아지를 기른다.
기후 위기를 걱정하며
환경 운동에 앞장선다.

장호
용이의 절친.
다소 섬세한 성격이지만 용이보다
이성 친구를 사귄 경험이 더 많다.
다람이와 친하게 지내는 아지를
라이벌로 생각한다.
아이돌 가수 냉이의 팬이다.

냉이
인기 아이돌 가수이자
연기자. 달래의 사촌이다.
가상 인간이란 설이 있는데
과연 사실일까?

눈 깜짝할 사이

매우 짧은 동안.

비슷한 관용구 ▶ 눈 깜짝할 새

눈 한 번 깜짝하고 숨 한 번 쉴 만한 아주 짧은 동안을 '순식간'이라고 해요. 그만큼 눈 깜짝하는 시간이 짧다는 얘기예요. 비슷한 말로 '지나가는 비가 잠깐 내리는 동안'이란 뜻의 '삽시간', 약 75분의 1초를 가리키는 '아주 짧은 순간'의 '찰나'도 있어요.

"장호가 눈 깜짝할 사이 자장면을 먹어 치웠어."

코가 꿰이다

어떤 사람이 다른 사람에게 약점 등이 잡히다.

옛날에는 농사지을 때 소를 이용해 밭을 갈았어요. 이때 소를 잘 부리기 위해 콧구멍에 구멍을 뚫어 둥근 나무, 즉 '코뚜레'를 꿰었어요. 코가 꿰인 소는 주인이 고삐를 이끄는 대로 움직였지요. 누군가에게 떳떳하지 못한 점을 잡혀서 그가 하는 대로 가만있어야 할 때 이 말을 써요.

"달래에게 코가 꿰이었는지 꼼짝도 못 하더라니까."

코를 빠뜨리다

다 되어 가는 일을 못 쓰게 만들거나 망치다.

어떤 일을 하다가 결정적일 때 실수를 저지르거나 다른 사람의 방해로 망칠 때가 있어요. 이 같은 상황에서 쓰는 말로, 속담 '단 된 죽에 코 풀기'와 통해요. 거의 다 된 일을 망쳐 버리는 주책없는 행동을 이르는 말이에요. 무슨 일이든 마지막까지 긴장의 끈을 놓지 않는 자세가 필요해요.

"용이가 다 이긴 경기에 코를 빠뜨렸어!"

눈앞이 캄캄하다

절망적인 생각이 들어 어찌할 바를 모르거나 아득하다.

비슷한 관용구 눈앞이 아찔하다

눈이 멀지도 않았는데 앞이 캄캄할 정도라니, 도대체 얼마나 충격을 받았길래 그런 느낌이 드는 걸까요? 벌어진 상황에 너무 놀라서 긴장했거나 일의 해결 방법이 떠오르지 않아 막막할 때 이 표현을 써요. 참고로 '눈앞이 깜깜하다'도 쓸 수 있는데, 이때는 '희망이 없는 상태이다'란 느낌이 더 강해요.

"에어컨 없이 지낼 생각을 하니, 눈앞이 캄캄하더라."

귀에 ☐이 박히다

같은 말을 여러 번 들어서 익숙하거나 지겹다.

    같은 말을 얼마나 많이 들었으면 '귀에 못이 박힐 정도'라고 했을까요. 간혹 '귀에 못이 박이다'로 잘못 쓰는 일이 있는데, 못은 '두들겨 치이거나 꽂히다'를 뜻하는 '박히다'를 써야 해요. '박이다'는 '생각이나 태도, 버릇이 깊이 배거나 굳은살이 생기다'의 뜻이니, 정확히 알아두세요.

비슷한 관용구 ▶ 귀에 딱지가 앉다, 귀에 싹이 나다

"공부하라는 말은 귀에 못이 박히도록 듣는 것 같아."

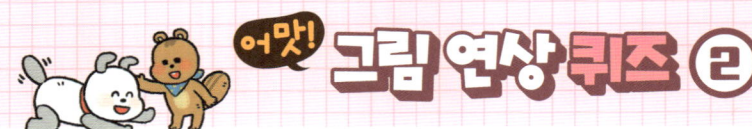

코 묻은 ☐

어린아이가 가지고 있는 아주 적은 돈.

   어릴 때는 코의 기능이 어른에 비해 미숙하고 면역력이 떨어져서 콧물을 자주 흘려요. 돈에 코가 묻었다는 건 어린아이가 가지고 있었을 가능성이 크고, 그만큼 적은 돈일 확률이 높아요. 즉, 쓰기에도 뭐한 아주 적은 액수의 돈이란 얘기예요. 비슷한 표현의 속담인 '코 묻은 돈이라도 뺏어 먹겠다'는 '행동이 너무나 치사하고 마음에 거슬리는 경우'를 비꼬아서 하는 말이에요.

"그까짓 코 묻은 돈을 어쩌자고 탐냈니?"

눈물이 앞을 가리다

눈물이 자꾸 나옴을 비유적으로 이르는 말.

단순히 눈물이 멈추지 않고 흐르는 걸 말하기도 하지만, 몹시 슬픈 감정을 표현할 때도 써요. 슬픈 마음을 주체하지 못해서 눈물이 나는 것일 테니까요.

"비쩍 마른 멸치를 보니 눈물이 앞을 가려서 먹을 수가 없었어."

눈 하나 깜짝 안 하다

태도나 얼굴빛이 아무렇지 않은 듯 예사롭게 굴다.

비슷한 관용구 ➤ 눈도 깜짝 안 하다

당황하거나 놀라면 대부분 눈을 깜짝하게 돼요. 그런 상황에서도 얼굴색 하나 변하지 않고 태연하게 군다는 건, 속마음을 잘 감추는 성격이거나 남들보다 겁이 없는 사람일 수 있어요. 아니면 뻔뻔한 성격일 수도 있고요.

"달래는 목에 칼이 들어와도 눈 하나 깜짝 안 할 거야."

눈이 삐다

뻔한 것을 잘못 보고 있을 때 비난하는 투로 이르는 말.

'삐다'는 '다리나 팔 등 관절의 일부분이 어긋나거나 접질리다'의 뜻이에요. 눈은 관절이 아니기 때문에 논리적으로 따지면 삘 수 없어요. 그런데도 이렇게 표현하는 건 그만큼 어떤 상황이나 사태를 보는 시각이 잘못되었다는 의미예요.

"나 말고 다른 애가 좋다니, 눈이 삐지 않고서야!"

귀가 간지럽다

남이 제 말을 한다고 느끼다.

비슷한 관용구 ▶ 귀가 가렵다

귀가 간질간질하면 "누가 내 얘기 하나?"라고 하며 귀를 후빌 때가 있어요. 다른 사람이 자신의 말을 한다고 생각될 때 쓰는 관용어로, 몰래 험담하지 말라는 경계의 뜻이 반영되어 있어요. 실제로 귀가 가려운 이유는 다른 사람이 내 흉을 봐서가 아니라, 귓속에 귀지가 있거나 귀에 이상이 생겼기 때문이에요.

"귀가 간지러운데, 누가 내 욕 하는 거 아냐?"

그림 연상 퀴즈 ❸

☐☐☐ 을 치다

뭔가에 대해 가소롭다는 듯 비웃다.

'코웃음'은 '콧소리나 콧김으로 가볍게 내는 웃음'으로, 어떤 상황에 대해 비난하는 감정을 담아 웃는 거예요. 상대를 비웃거나 아니꼬울 때 내는 "흥!", "힝!" 등이 여기에 해당해요. 자만심이나 자부심이 넘치는 사람들은 상대를 깔보는 경향이 있어요. 비슷한 관용구 '콧방귀를 뀌다'는 '남의 말이 못마땅하거나 가소로워 들은 체 만 체 대꾸하지 않다'의 뜻이에요. 쓰는 상황이 조금 다르지만, 남을 무시하는 태도에서는 막상막하예요.

비슷한 관용구 ▶ 콧방귀를 뀌다

"매번 남의 일에 코웃음을 치더니, 꼴 좋다!"

눈에 ▢ 이 들어가다

사람이 죽어 땅에 묻힘을 비유적으로 이르는 말.

　이 말은 죽어서 땅속에 묻히는 것으로, '죽음'의 또 다른 표현이라 할 수 있어요. 주로 '내 눈에 흙이 들어가기 전에는'의 꼴로 쓰여서 어떤 상황이나 의견에 강하게 반대할 때 표현해요. 죽을지언정 절대로 허락할 수 없다는 것이지요.

비슷한 관용구 ▶ 눈에 흙이 덮이다

  "내 눈에 흙이 들어가기 전에는 너희 둘이 절대 못 사귀어."

귀가 얇다

남의 말을 쉽게 잘 받아들이다.

비슷한 관용구 ▶ 귀가 엷다

남의 말이나 소문을 의심하지 않고 쉽게 받아들일 때 써요. 비슷한 말로 '두께가 적고 깊지 아니하다'의 뜻을 가진 '엷다'를 써서 '귀가 엷다'고도 해요. 참고로 '귀가 여리다'는 '속은 줄 모르고 남의 말을 그대로 믿다'의 뜻이고, '귓구멍이 넓다'는 '남의 말을 잘 듣다'를 의미해요.

"그렇게 귀가 얇으면 사기 당하기 딱 좋아."

코를 납작하게 만들다

몹시 무안을 주거나 기를 죽이다.

비슷한 관용구 ▶ 콧대를 꺾다

코는 얼굴 중앙에 있고, 다른 감각 기관보다 튀어나와 있어요. 코가 곧고 오뚝하면 얼굴이 잘생겨 보일 뿐만 아니라 자신감도 느껴져요. 그렇게 중요한 역할을 하는 코를 납작하게 만들겠다니, 창피나 망신을 주겠다는 얘기예요. 비슷한 관용구로는 '콧대를 꺾다'가 있는데, '상대의 자존심을 꺾어 기를 죽이다'의 뜻이에요.

"성공해서 녀석의 코를 납작하게 만들어 줄 거야."

귀가 □□ 뜨이다

말이나 이야기가 그럴듯해서 선뜻 마음이 끌리다.

'뜨이다'는 '눈에 보이다'를 뜻하지만, '청각의 신경이 바짝 긴장되다'의 뜻도 있어요. '귀가 번쩍 뜨이다'는 온 귀의 신경이 바짝 선 상태로, 호기심과 관심이 생기는 걸 말해요. 특히 어떤 말이나 제안이 몹시 마음에 들었을 때 이 표현을 써요.

"상금이 엄청나게 크다는 말에 귀가 번쩍 뜨였어."

관용구 사다리 타기

황당한 맛

※ 사다리를 타고 내려가 어울리는 표현의 번호를 찾아 쓰세요.

 눈을 씻고 보다

 귀를 의심하다

 코가 땅에 닿다

정답 3 2 1

1. 정신을 바짝 차리고 집중해서 보다.
   맛! 눈을 씻고 보아도 사람이 안 보이네.

2. 머리를 깊이 숙이다.
   맛! 잘못이 드러나자 코가 땅에 닿게 사과를 했다.

3. 믿기 어려운 이야기를 들어 잘못 들은 것이 아닌가 생각하다.
   맛! 그 애가 연예인이 되었다는 소식에 귀를 의심했다.

머리 꼭대기에 앉다

상대방의 생각이나 행동을 꿰뚫다.

비슷한 관용구 ▶ 머리 위에 올라앉다

머리는 몸의 제일 위에 있으면서 생각과 행동을 통제하는 역할을 해요. 그런데 그 머리에서도 제일 위인 정수리에 앉다니, 상대가 어떤 생각을 하고 행동할지를 미리 다 안다는 뜻이에요. 그렇게 알 정도면 상당히 똑똑하겠지요? 그래서 '잘난 체하며 남을 업신여기다'의 뜻도 있답니다.

"엄마는 내 머리 꼭대기에 앉아 있어."

얼굴에 씌어 있다

어떤 감정, 기분 따위가 표정에 나타나다.

기뻐하는 표정, 싫어하는 표정, 화내는 표정, 언짢은 표정 등 얼굴에는 다양한 표정이 드러나요. 아무리 감정을 잘 다스리는 사람이라도 순간적으로 드러나는 표정까지 완벽하게 감추지는 못해요. '얼굴에 씌어 있다'는 굳이 말로 하지 않더라도 그 사람이 짓는 표정을 보고 기분이 어떤지 알 수 있다는 말이에요.

"너는 부끄러워하는 마음이 얼굴에 씌어 있구나!"

입에 침이 마르다

다른 사람이나 물건에 대해서 거듭해서 말하다.

비슷한 관용구 ▶ 침이 마르다, 입이 닳다, 입이 마르다, 혀가 닳다

입안을 촉촉하게 해 주는 침이 마르면 세균이 늘어나 충치가 생기고, 음식물 소화에도 어려움을 겪어요. 이렇게 중요한 침이 마를 정도라니, 어떤 것에 대해 말을 엄청나게 많이 했다는 얘기랍니다. 그런데 나쁜 점을 얘기하는 게 아니라, "입어 침이 마르도록 극찬하다."처럼 칭찬이나 좋은 점을 말할 때 써요.

"할머니는 인사성 바른 장호를 입에 침이 마르도록 칭찬하셨어."

혀를 차다

마음이 언짢거나 섭섭하고 불만스러운 느낌이 남아 있다.

비슷한 관용구 ▶ 혀끝을 차다

어떤 일이 마음에 차지 않거나 못마땅하면 쯧쯧거리며 자신의 불만을 표현하는데, 이를 '혀를 차다'라고 해요. 혀끝을 입천장에 붙였다가 떼면 나는 소리라서 '혀끝을 차다'라고도 하지요. 안타까운 상황을 봤을 때 걱정 어린 마음으로 "쯧쯧!" 혀를 차기도 해요. 이런 행동은 보통 어른들이 많이 한답니다.

"교무실에 불려 간 우리를 보고 선생님들이 혀를 차셨어."

입에 ☐☐을 물다

몹시 흥분하여 화를 내며 말하다.

  뭔가에 흥분해서 말하다 보면 입 주변에 침이 고이는데, 여기에서 '입에 거품을 물다'가 나왔어요. 그만큼 화가 났다는 뜻이에요. 비슷한 관용구는 '입에 게거품을 물다'예요. '게거품'은 '사람이나 동물이 몹시 괴롭거나 흥분했을 때 입에서 나오는 거품 같은 침'을 말해요. 위험에 처했을 때 입에서 거품을 내뿜는 게를 보고 나온 표현이에요.

비슷한 관용구 ▶ 입에 게거품을 물다

"용이가 자기 마카롱을 먹었다고 입에 거품을 물며 화냈어."

머리에 □가 나다

싫고 두려운 상황에서 의욕이나 생각이 없어지다.

여기에서 '쥐'는 찍찍거리는 동물 쥐가 아니에요. '몸의 한 부분에 일시적으로 경련이 일어나는 현상'으로 근육이 뻣뻣해지거나 저린 것이랍니다. '머리에 쥐가 나다'는 어떤 일이나 상황에 맞닥뜨렸을 때 머리가 아플 정도로 두렵고 지겨운 생각이 든다는 말이에요. 당연히 하고 싶은 마음조차 안 생기겠지요.

"내일 있을 시험만 생각하면 머리에 쥐가 난다."

 이런 **뜻**이 있어요

머리털이 곤두서다
몹시 화가 나거나 무서워서 신경이 긴장되다.

비슷한 관용구 ▶ 머리칼이 곤두서다

뭔가 무섭거나 놀라면 몸이 으스스하고 털이 바짝 서는 느낌을 받아요. 몸속 근육이 수축하면서 털세움근이 꽉 조여지거든요. 고양이나 고슴도치가 털을 바짝 세우는 것도 이와 비슷해요. '머리털'은 '머리카락'의 다른 말이고, '곤두서다'는 '거꾸로 꼿꼿이 서다'의 뜻이랍니다.

 "귀신 이야기를 듣는 순간 머리털이 곤두섰어."

혀를 내두르다
몹시 놀라거나 어이가 없어 말을 못 하다.

비슷한 관용구 ▶ 혀를 두르다

이 말은 놀라거나 황당한 상황에서 말문이 막힌 경우를 표현하지만, 예상 밖의 엄청난 일을 경험했을 때 감탄의 의미로도 쓰여요. "혀를 내두르며 감탄했다."처럼요. '내두르다'는 '이리저리 휘휘 흔들다'의 뜻인데, 현실적으로 사람의 혀는 길지 않아서 휘휘 흔드는 건 어려워요. 혀를 내민 다음 고개를 절레절레 흔드는 상황이라 볼 수 있어요.

 "그 애의 고집을 얘기하며 다들 혀를 내둘렀다."

 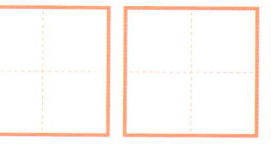 그림 연상 퀴즈 ❽

입에 ☐☐☐를 채우다

말하지 않다.

 '자물쇠'는 '여닫게 되어 있는 물건을 잠그는 장치'로, 열쇠가 없으면 열지 못해요. 이 말은 '어떤 말도 입 밖으로 내지 않는다'의 뜻이에요. '입이 매우 무겁다'는 면에서 '입이 천 근 같다'와 통해요. 또 '채우다'에 집중해 '어떤 일에 관해 말하지 못하게 하다'의 뜻도 있어요. 이때는 '입을 봉하다'와 통해요.

비슷한 관용구 ▶ 입이 천 근 같다, 입을 봉하다

 "모두 입에 자물쇠를 채우고 아무 일 없다는 듯 행동했다."

고개를 흔들다

고개를 좌우로 움직여 부정이나 거절의 뜻을 나타내다.

반대되는 관용구 ▶ 고개를 끄덕이다

머리나 고개를 내젓는 행동에는 부정과 거절의 뜻이 담겨 있어요. 보통 '절레절레', '설레설레' 등과 함께 쓰여 동작을 더 강조해요. 비슷한 말로는 '머리를 가로흔들다'가 있어요. 반대되는 관용구에는 '옳다거나 좋다는 뜻으로 고개를 위아래로 흔들다'의 '고개를 끄덕이다'가 있지요.

"시험에 붙었냐는 물음에 대답은 안 하고 고개를 흔들었어."

머리를 식히다

긴장을 풀고 마음을 편안하게 하다.

비슷한 관용구 ▶ 바람을 쐬다

스트레스를 받거나 화나면 머리가 지끈지끈해요. 이럴 때는 더운 기운을 없애고 차갑게 해 주어야 진정이 돼요. '머리를 식히다'는 초조하고 긴장된 마음을 기분 전환을 해서 차분하게 풀어 주는 거예요. '기분을 바꾸기 위해 바깥이나 딴 곳을 잠시 거닐거나 다니다'의 뜻을 가진 '바람을 쐬다'와도 통해요.

"흥분한 것 같은데 잠깐 나가서 머리를 식히고 오세요."

  그림 연상 퀴즈 ❾

얼굴 ☐☐ 이 두껍다

부끄러움을 모르고 염치가 없다.

    동물이라면 누구나 몸을 감싸고 있는 껍질인 '가죽'이 있어요. 얼굴에도 당연히 가죽이 있는데 아주 얇아요. '얼굴 가죽이 두껍다'는 여느 사람보다 부끄러움이 없고 뻔뻔하다는 얘기예요. 비슷한 말로 '낯가죽이 두껍다', '철판을 깔다' 등 아주 많아요.

비슷한 관용구 ▶ 얼굴이 두껍다, 낯가죽이 두껍다, 철판을 깔다

 "배신할 때는 언제고 다시 친구가 되자니, 얼굴 가죽이 두껍군그래."

☐를 악물다

힘에 겨운 어려움을 뚫고 나가려고 비상한 결심을 하거나 꾹 참다.

'악물다'는 '단단히 결심하거나 참고 견딜 때 힘주어 이를 꼭 마주 물다'의 뜻이에요. 굳센 결심을 묵묵히 밀고 나가려는 의지가 담겨 있어요. 또한 어려움을 참겠다는 다짐도 함께한답니다.

"시합에서 이기려고 이를 악물고 달렸어."

관용구 사다리 타기

※ 사다리를 타고 내려가 어울리는 표현의 번호를 찾아 쓰세요.

입이 심심하다

입술을 깨물다

머리를 맞대다

정답 1 3 2

① 배가 출출하여 무엇이 먹고 싶다.
　예맛! 오늘따라 왜 이리 입이 심심하지?

② 어떤 일을 의논하거나 결정하기 위해 서로 마주 대하다.
　예맛! 머리를 맞대고 해결책을 찾아보자.

③ 북받치는 감정을 애써 참다.
　예맛! 눈물을 꾹 참으며 입술을 깨물었다.

트집을 잡다

공연히 작은 흠을 밝혀내거나 없는 잘못을 만들다.

비슷한 관용구 ▶ 트집을 걸다

'트집'은 '아무 이유 없이 조그만 흠을 들추어내 불평하거나 말썽을 부리는 것'이에요. 상대가 마음에 들지 않거나 불만이 있을 때 꽁한 마음을 가지고 그렇게 행동할 때가 있어요. 비슷한 말 '트집을 걸다'는 '트집을 잡아 문제를 일으키거나 시끄럽게 하다'예요.

"내가 하는 일마다 왜 이렇게 트집을 잡아?"

약이 오르다

놀림을 받거나 하여 언짢고 화가 나다.

반대되는 관용구 ▶ 약을 올리다

'약'은 '고추 같은 식물이 한창 자랄 때 생기는 맵거나 독한 기운'이에요. 이 말이 확장되어 '놀림을 받거나 하여 기분이 상하는 감정' 또한 '약'이라 불러요. 마치 식물이 바짝 독이 오른 것처럼 금방이라도 화가 날 듯한 기분이지요. 반대 표현인 '약을 올리다'는 '상대를 놀리거나 기분 나쁘게 하여 열받게 하다'의 뜻이에요.

"내 앞에서 잘난 척하다니, 얼마나 약이 오르던지!"

 를 쓰다

요금이나 물건값을 치르는 데 억울하게 손해를 보다.

'바가지'는 '박을 반으로 갈라 속을 파내고 삶아 만든 것'으로, 물이나 곡식을 담아 옮길 때 써요. '바가지를 쓰다'는 정해진 값 이상의 값을 주고 물건을 사는 거예요. 금전적인 손해뿐만 아니라 '남이 져야 할 책임을 억울하게 지게 될 때'도 써요. 이럴 때는 '똥바가지를 쓰다'와도 뜻이 통해요.

비슷한 관용구 ▶ 똥바가지를 쓰다

 "피서철 휴가지에서 바가지를 쓰는 일을 조심해야 해."

함부로 찧은 입방아

입방아를 찧다

쓸데없이 말을 방정맞게 자꾸 하다.

비슷한 관용구 입방정을 놀다

'입방아'는 '어떤 사실을 이야깃거리로 삼아 이러쿵저러쿵 수다를 떠는 일'이에요. '입방아를 찧다'는 방아로 곡식을 찧듯이 쉴 새 없이 입을 놀리면서 불필요한 말을 계속하는 거예요. 비슷한 말 '입방정을 놀다'는 '수다스럽고 가볍게 말을 함부로 하다'의 뜻이에요.

"새로 이사 온 집에 대해 사람들이 입방아를 찧었다."

꽁무니를 빼다

슬그머니 피하여 달아나다.

비슷한 관용구 뒤꽁무니를 빼다, 꽁무니를 사리다

'꽁무니'는 '엉덩이를 중심으로 한 몸의 뒷부분', '사물의 맨 끝'을 가리켜요. '꽁무니를 빼다'는 어떤 일과 맞닥뜨렸을 때 두려운 마음이 생겨 상대방 모르게 슬그머니 도망치는 거예요. 비슷한 표현인 '꽁무니를 사리다'는 '슬그머니 피하거나 달아나려 하다'를 뜻해요.

"막상 싸우자고 하니까 다들 꽁무니를 빼더군."

그림 연상 퀴즈 ⑫

☐☐☐를 맞다

배반이나 배신을 당하다.

 '머리 뒷부분'이 '뒤통수'예요. '뒤통수를 맞다'는 '신체적으로나 정신적으로 예상치 못한 공격을 받다'의 뜻이에요. 신체적인 공격을 당하면 아플 것이고, 정신적으로 배신을 당하면 무척 괴로울 거예요. 반대되는 말은 '믿음과 의리를 배신하다'의 뜻을 가진 '뒤통수를 때리다'예요.

반대되는 관용구 ▶ 뒤통수를 때리다

"정신 차리지 않으면 뒤통수를 맞기 십상이야."

 을 끼고 보다

주관이나 선입견에 얽매여 좋지 않게 생각하다.

'색안경'은 '선입견이나 감정에 치우친 관점'을 비유적으로 이르는 말이에요. 사람은 어떤 상황과 마주하면 자신의 경험과 생각을 위주로 판단하는 경향이 있어요. '색안경을 끼고 보다'는 바로 그러한 행동을 꼬집는 말이에요. 자기만의 색깔로 상대를 판단하면 미처 보지 못하는 부분이 생길 수 있어요.

"남을 색안경을 끼고 보는 버릇은 얼른 고쳐야 해."

한술 더 뜨다

어떤 행동이나 말 등이 이미 하거나 벌어진 일보다 더 심하다.

'한술'은 '숟가락으로 한 번 뜬 정도의 적은 음식'이에요. '한술 더 뜨다'는 아무리 적은 양이더라도 남이 먹은 것보다 한 숟가락 더 뜨는 것으로, '어지간하게 벌어진 일에 더해 엉뚱하거나 심한 짓을 하다'의 뜻이에요. 긍정적인 의미로도 쓰이는데, 이때는 '남의 생각을 미리 헤아려 대처할 계획을 세우다'의 뜻이랍니다.

"엄마에게 혼이 난 나에게 아빠는 한술 더 떠 용돈을 압수하셨어."

숨을 돌리다

가쁜 숨을 가라앉히거나 잠시 여유를 얻어 쉬다.

반대되는 관용구 숨 쉴 사이가 없다

'숨을 돌리다'는 몰아쉰 숨을 천천히 가라앉히는 거예요. 급하거나 바쁜 중에 '잠시 쉴 만한 여유를 얻다'의 의미도 있어요. 반대되는 말인 '숨 쉴 사이가 없다'는 '시간적 여유 없이 몹시 바쁘다'를 뜻해요. 참고로 '한숨 돌리다'는 '힘겨운 고비를 넘기고 여유를 갖다'의 뜻이랍니다.

"마감에 쫓기다가 오늘에야 잠깐 숨을 돌리게 되었지."

날밤을 새우다
공연히 잠을 자지 않고 뜬눈으로 밤을 보내다.

'날밤'은 '자지 않고 계속 깨어 있는 상태로 보내는 밤'이에요. '쓸데없이 지새우는 밤'을 말하기도 해요. 보통 밤에는 잠을 자는 게 신체 리듬과 맞아요. 한숨도 자지 않으면 다음 날, 그다음 날까지 영향을 줘요. 특히 성장기에는 하루에 8시간 이상은 푹 자야 키가 쑥쑥 크고 집중력도 좋아진답니다.

"개학 전날, 밀린 숙제를 하느라 날밤을 새웠다."

이를 갈다
몹시 분하고 화가 나서 독한 마음을 먹고 기회를 엿보다.

비슷한 관용구 이를 갈아 마시다

원래 '이를 갈다'는 '배냇니가 빠지고 새 이가 나다', '윗니와 아랫니를 맞대 소리를 내다' 같은 뜻이 있어요. 앞의 '갈다'는 '바꾸다'의 뜻이고, 뒤의 '갈다'는 '문지르다'의 뜻이에요. 관용구로서의 '이를 갈다'는 이가 뿌드득 갈릴 정도로 분노가 이글이글 타오르는 상황을 표현해요. 상대를 향한 분노를 꾹꾹 누르며 복수의 마음을 먹는 것이지요.

"주인공은 배신자를 찾아 복수하겠다며 이를 갈았다."

어맛! 그림 연상 퀴즈 ⑭

☐☐를 뻗고 자다

걱정을 잊고 마음 편히 자다.

　몸이나 마음이 불편하면 자기도 모르게 몸을 잔뜩 웅크리고 자게 돼요. 걱정 때문에 편하게 못 자는 거예요. '다리를 뻗고 자다'는 마음의 근심이 해결되어 편안하게 잠을 청할 수 있다는 뜻이에요. 참고로 '두 다리를 뻗다', '두 발을 펴다'는 '걱정되거나 애쓰던 일이 끝나 마음을 놓다'의 의미예요.

비슷한 관용구 ▶ 발을 뻗고 자다, 다리를 펴고 자다

"일이 잘 해결됐으니 이제 다리를 뻗고 자자."

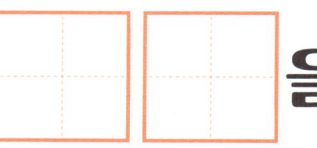 을 돌리다

꾸짖음이나 공격 등을 다른 쪽으로 돌리다.

'화살'은 본래 '활시위에 메겨서 당겼다가 놓으면 그 반동으로 멀리 날아가도록 만든 무기'이지만, 어마어마한 공격성 때문에 '비난'이나 '공격'을 비유적으로 표현하기도 해요. '화살을 돌리다'는 과녁을 향해 쏘지 않고 방향을 바꾼다는 얘기예요. 다른 사람을 나무라거나 공격한다는 뜻이지요.

"가만있는 나한테 왜 갑자기 비난의 화살을 돌려?"

하하, 봤지? 우리 다람이는 나밖에 모르는 지조 있는 다람쥐라고!

소곤 다람이 **시치미를 떼는** 거 봐. 진실을 알면 장호 형 슬퍼하겠지?

소곤 그냥 모른 척하자.

네 마음 다 안다멍!

속을 떠보다

남의 마음을 알아보려고 넘겨짚다.

비슷한 관용구 ▶ 속을 뜨다

여기에서 '속'은 '마음'이고, '떠보다'는 '남의 속뜻을 넌지시 알아보다'예요. 즉 다른 사람에게 이런저런 말을 건네면서 그 사람이 가진 생각을 알아채는 것이지요. 비슷한 말로 '깐보다'가 있어요. '어떤 형편이나 기회에 대하여 마음속으로 가늠하거나 속을 떠보다'의 뜻이에요.

"내가 속을 떠봤는데 걔도 나를 좋아하는 것 같아."

시치미를 떼다

자기가 하고도 모른 척하거나 알면서도 모르는 체하다.

비슷한 관용구 ▶ 새침을 떼다

'시치미'는 원래 '매의 주인을 밝히기 위해 매의 꽁지에 매어 둔 꼬리표'예요. 매를 탐낸 사람이 꼬리표를 떼고 자기 매로 만든다는 것에서 '시치미를 떼다'가 유래했어요. 자신이 저지른 일에 관해 모른 척하거나 어떤 사실을 알면서도 안 알려 주는 거예요. 비슷한 관용구는 '새침을 떼다'인데, 여기에서 '새침'은 '쌀쌀맞게 시치미를 떼는 태도'랍니다.

"자기가 잘못해 놓고도 안 그런 척 시치미를 떼고 있잖아."

 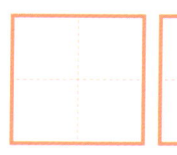 # 그림 연상 퀴즈 ⑯

☐☐가 돋다

공격의 의도나 불평불만이 있다.

뾰족뾰족한 가시는 '사람의 마음을 불편하게 하거나 공격하는 표현'으로도 자주 쓰여요. '가시가 돋다'는 나쁜 마음이나 불만 등이 겉으로 나타나는 거예요. 비슷한 관용구 '가시가 돋치다'는 이러한 '불평이나 악감정이 많이 있음'을 강조하는 말이에요.

비슷한 관용구 ▶ 가시가 돋치다

  "여자 친구의 가시가 돋은 말을 듣고 충격받았다."

☐☐가 상하다

비위가 좋지 않아 금방 게울 듯하여지다.

'비위'는 우리 몸속 소화 기관인 '지라와 위'예요. 이 말이 확장되어 '음식물을 먹고 싶은 마음'이나 '어떤 일을 하기 싫어하거나 억지로 견디어 내는 마음' 등을 말해요. 본래 '비위가 상하다'는 냄새가 강하거나 비린 것 등을 견디지 못해 토할 듯하는 걸 말하지만, '어떤 일이나 상황이 마음에 거슬려 아니꼽고 속이 상하다'의 뜻도 있어요.

비슷한 관용구 ▶ 비위가 뒤집히다

"비위가 상해서 먹은 걸 다 토해 내고 말았어."

관용구 사다리 타기

※ 사다리를 타고 내려가 어울리는 표현의 번호를 찾아 쓰세요.

 **말발을 세우다**

 **변죽을 울리다**

 **군살을 빼다**

① 자신의 주장을 굽히지 않다.
  맛! 그 앤 훈날 각오로 말발을 세웠어.

② 바로 말하지 않고 둘러서 말하다.
  맛! 변죽을 울리지 말고 요점을 말해.

③ 반드시 있지 않아도 될 것을 빼다.
  맛! 글에서 쓸데없는 군살을 빼야 문장이 깔끔해져.

허리띠를 졸라매다

검소한 생활을 하다.

비슷한 관용구 ▶ 허리띠를 조르다

'허리띠'는 '바지가 흘러내리지 않도록 허리에 둘러매는 띠'이지만, 졸라매는 순간 여러 뜻으로 활용해요. 우선은 '배고픔을 참다'가 있어요. 허리를 바짝 조이면 잠시나마 긴장하게 되어 배고픔을 잊을 수 있어요. 그 뜻이 더 확장되어 '사치하지 않고 아끼며 살다'의 뜻도 있어요. 또한 '어떤 일을 꼭 성공시키겠다고 다부지게 다짐할 때'도 써요.

"내 집을 마련하려면 허리띠를 졸라매야 해."

주머니가 두둑하다

돈을 충분하게 가지고 있다.

비슷한 관용구 ▶ 호주머니가 넉넉하다

'두둑하다'는 '매우 두껍다'는 뜻이에요. 주머니에는 돈이나 물건 등을 넣고 다닐 수 있는데, 주머니가 두껍다는 얘기는 그만큼 안에 든 게 많다는 얘기지요. 돈이나 자금이 충분하지 않을 때는 '주머니가 가볍다' 또는 '호주머니 사정이 나쁘다' 등의 표현을 써요.

"오늘 주머니가 두둑하니, 먹고 싶은 거 마음껏 시켜!"

파리를 날리다

손님이 없고 장사가 잘 안되어 아주 한가하다.

비슷한 관용구 손이 놀다

식당이 바쁘면 오가는 손님들, 일하는 종업원들 때문에 파리가 식탁에 앉을 겨를이 없어요. 반대로 가게가 한가하면 파리가 꼬일 여지가 있어요. 주인이 파리채를 들고 이리저리 쫓아내는 장면이 눈에 선하지 않나요? 비슷한 관용구 '손이 놀다'는 '일거리가 없어 쉬는 상태에 있다'의 뜻이에요.

"가게에 손님이 없어서 며칠째 파리를 날리고 있어."

발을 디딜 틈이 없다

사람이 매우 많이 모여 혼잡스럽다.

매우 복잡하고 혼잡할 때 쓰는 표현이에요. 비슷한 표현으로는 속담 중에 '입추의 여지가 없다'가 있어요. '입추'는 '송곳을 세움'이란 뜻인데, 이 '송곳을 세울 틈이 없을 정도로 많은 사람이 꽉 찼음'을 비유적으로 이르는 말이에요.

"백화점 세일인가, 발을 디딜 틈이 없네."

 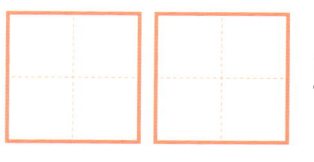 

☐☐ 위에 오르다

다른 이들로부터 비판의 대상이 되다.

'도마'는 주로 두꺼운 나무토막이나 플라스틱으로 만들어요. 일단 이 위에 오르면 재료가 칼에 잘리거나 다져질 수밖에 없어요. 사람이 도마 위에 오른다는 건 이러쿵저러쿵 비난을 받게 된다는 뜻이랍니다. 비슷한 말 '도마 위에 올려놓다'는 '어떤 사물을 문제 삼아 비판하거나 논하다'의 뜻이에요.

비슷한 관용구 ▶ 도마 위에 올려놓다

"그들에 관한 소문이 연일 **도마 위에 올랐다**."

☐을 밟다

재수가 없다.

　냄새 나는 똥을 밟고 기분 좋은 사람이 있을까요? 이 말은 '운이 나쁘게도 안 좋은 일을 겪다'의 뜻이에요. 비슷한 표현으로는 '재수가 아주 없음'을 비유적으로 이르는 '재수가 옴 붙었다', '설날에 옴 오르듯'의 속담이 있어요. 여기에서 '옴'은 '피부가 상하고 가려운 전염병'이에요.

 "오늘 일은 그냥 똥을 밟았다고 생각하고 잊어버려."

 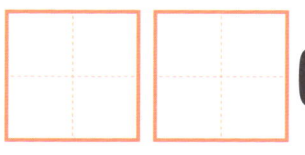 

☐☐ 에 피도 안 마르다

저 이마에 피도 안 마른 녀석들이 벌써부터 연애를!

아직 나이가 어리다.

아기가 엄마 몸에서 태어난 직후에는 몸에 피와 분비물 등이 묻어 있어요. '이마에 피도 안 마르다'는 그때 묻은 피가 채 마르지 않았을 정도로 어린 상태를 말해요. 상대를 향해 '어른이 되려면 멀었다', '나이가 어리다'의 뜻으로 쓰지요. 나이 든 사람이 아랫사람을 무시할 때 써요.

비슷한 관용구 꼭뒤에 피도 안 마르다, 머리에 피도 안 마르다

  "이마에 피도 안 마른 녀석이 사랑 타령을 하네."

입맛을 다시는 까닭

몸살이 나다

어떤 일을 하고 싶어 안달이 나서 못 견디다.

'몸살'은 '몹시 피로할 때 걸리는, 팔다리가 쑤시고 열이 나는 병'이에요. '몸살감기'나 '몸살 기운' 등의 표현을 쓰지요. '몸살이 나다'는 어떤 일을 몹시 하고 싶어서 애를 태우는 거예요. 하고 싶은 마음이 너무나 간절하여 몸이 아플 지경에 이르렀다는 얘기랍니다.

"보고 싶은 사람을 못 만나서 아주 몸살이 났어."

입맛을 다시다

무언가 갖고 싶거나 어떤 행동을 하고 싶어 하다.

'음식을 먹고 싶은 욕구'를 뜻하는 '입맛'은 '어떤 일이나 물건을 가지고 싶거나 즐기고 싶어 하는 마음'이라는 의미도 있어요. 그래서 '음식을 먹고 아쉬워하며 침을 삼키다'의 '다시다'와 합쳐지면 무언가를 원하거나 하고 싶다는 표현이 돼요. 또한 '일이 맘대로 되지 않아 귀찮아하거나 난처해하다'의 뜻도 있어요. 이럴 때는 "달래는 일이 내키지 않는다는 듯 입맛을 다셨다."처럼 쓸 수 있어요.

"내 게임기 보고 입맛을 다시는 거 다 봤거든."

그림 연상 퀴즈 ㉑

☐☐을 빼다

어려운 일이나 난처한 일을 당하여 몹시 애쓰다.

'몹시 힘들거나 당황했을 때 흐르는 끈끈한 땀'이 바로 '진땀'이에요. 난감한 일과 맞닥뜨려 마음을 쓰거나 해결하려고 고군분투할 때도 나지요. 참고로 '땀을 빼다'는 '매우 힘들거나 어려운 고비를 겪느라 크게 고생하다'의 뜻이에요. 땀이든 진땀이든 노력과 수고로움에서 나오는 것임은 확실해요.

비슷한 관용구 ▶ 진땀을 뽑다

"남자 친구가 갑자기 삐쳐서 진땀을 뺐어."

봄을 타다
봄철에 입맛을 잃거나 몸이 나른해지고 약해지다.

추운 겨울을 지내고 봄을 맞이하면, 갑작스럽게 따뜻해진 날씨 때문에 몸이 나른하고 입맛이 없어지기도 해요. 이럴 때 '봄을 타다'라고 하는데, 계절이 바뀌어 몸이 적응하는 과정이에요. 또 이 말은 만물이 활발하게 살아나는 봄의 분위기에 맞게 '봄기운 때문에 기분이 들뜨다'의 뜻도 있어요.

"봄을 타는지 마음이 싱숭생숭하고 그러네."

뼈만 남다
오랫동안 먹지 못하거나 아파서 지나치게 여위다.

비슷한 관용구 ▶ 뼈만 앙상하다

아프거나 먹지 못하는 고통으로 살이 빠져서 몸이 몹시 말랐을 때 '뼈만 남다'라는 표현을 써요. '뼈'는 우리 몸을 튼튼하게 지탱하는 골격이라 잘못되면 큰 고통을 겪어요. '뼈를 깎다'는 '견디기 힘들 정도로 고통스럽다', '뼈에 사무치다'는 '원한이나 고통 등이 아주 강하다'의 뜻이 있어요.

"세상에! 얼마나 아팠으면 몸이 뼈만 남은 거야."

피를 본 캥거루

 이런 **뜻**이 있어요

피를 보다

크게 봉변을 당하거나 손해를 보다.

비슷한 관용구 ▶ 피를 흘리다, 피로 물들이다

'피'는 몸속의 혈관을 통해 산소와 영양분을 운반하며 모든 기관이 제 기능을 하게 만들어 줘요. 피를 봤다는 건 몸에 상처가 나거나 안 좋게 되었다는 뜻이에요. 즉, 뜻밖의 변을 당하거나 손해를 보게 된 것이지요. 더 나아가 '어떤 싸움 등으로 사람이 다치거나 죽게 되다'의 뜻도 있어요. 이때는 '피를 흘리다', '피로 물들이다'와 의미가 통해요.

"으이구, 누구 한 사람 피를 봐야 멈추지."

불을 보듯 뻔하다

앞으로 일어날 일이 의심할 것 없이 아주 명백하다.

비슷한 관용구 ▶ 불을 보듯 훤하다

이 말은 '불을 보는 것처럼 훤히 다 보이다'란 뜻의 사자성어 '명약관화(明若觀火)'와 같아요. 불이 나면 그 앞에서는 아무것도 감출 수 없어요. 활활 타오르는 불이 뭐든 다 비추게 되지요. 앞으로 일어날 일을 확실하게 예상했을 때 "불을 보듯 뻔하네."라고 해요. 좋은 뜻으로 쓰는 말은 아니에요.

"그 애랑 다니면 불행해질 것이 불을 보듯 뻔해."

□□□ 마음대로

무슨 일이든 자기 마음대로 이랬다저랬다 하는 모양을 이르는 말.

　옛날에는 동네를 다니면서 돈이 될 만한 철이나 고물을 사는 대신 엿으로 바꾸어 주는 사람이 있었어요. 이 엿장수는 명확한 기준을 정해서 엿을 주는 게 아니라, 자기 기분 내키는 대로 주곤 했어요. '자기 마음대로'의 뜻이 바로 '엿장수 마음대로'랍니다. 비슷한 관용구로는 '저 좋은 대로 마음대로 하다'를 뜻하는 '입맛대로 하다'가 있어요.

비슷한 관용구 ▶ 입맛대로 하다

"엿장수 마음대로 할 거면서 나한테 묻긴 왜 물어."

☐ 인지 생시인지

전혀 예상하지 못한 일에 당황하여 어찌할 바를 모를 때를 이르는 말.

'꿈'은 실제가 아니에요. '생시'는 '자거나 취해 있지 않고 깨어 있을 때'이므로 현실이에요. '꿈인지 생시인지'는 생각지 못한 일에 맞닥뜨려 당황해하는 상황을 나타내는 말이에요. 또 '간절히 바라던 일이 이루어져 현실처럼 느껴지지 않을 때'에도 감탄하면서 써요.

 "복권에 당첨되다니, 꿈인지 생시인지 모르겠어."

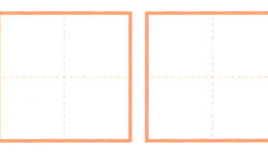

☐☐을 보듯 하다

낱낱이 환히 다 알다.

'손금'은 사람마다 다르게 생겼어요. 그래서 손금 모양을 보고 그 사람의 운세나 건강을 점치기도 하는데, 이를 '손금을 보다'라고 해요. 관용구 '손금을 보듯 하다'는 이렇듯 손금을 보듯이 그 사람에 관해 다 알게 된 까닭에 '속속들이 알다'의 뜻으로 쓰여요.

비슷한 관용구 ▶ 손금을 보듯 환하다

"골목길이 어디로 나 있는지 손금을 보듯 하더라."

 이 저리다

잘못이 들통나거나 그 때문에 불길한 일이 닥칠 것 같아 마음 졸이다.

'오금'은 '무릎이 구부러질 때 접히는 안쪽의 오목한 부분'으로, '다리오금' 또는 '뒷무릎'이라고도 해요. '오금이 저리다'는 '다리에 힘이 빠져서 그대로 서 있기 힘들다'는 의미로, 자신의 잘못이 들킬까 봐 걱정되거나, 그 일로 뭔가 안 좋은 일이 일어날지도 모른다는 두려움에 떨 때 써요.

"화분 깬 게 들킬까 봐 오금이 저렸어."

관용구 사다리 타기

※ 사다리를 타고 내려가 어울리는 표현의 번호를 찾아 쓰세요.

 **보따리를 싸다**

 **손가락 안에 꼽히다**

 **자취를 감추다**

정답 ③ ① ②

❶ 관계하던 일을 그만두다.
   형이 다니던 직장에서 보따리를 싸고 나와 가게를 차렸어.

❷ 남이 모르게 어떤 곳에서 사라지거나 자연 현상이 바뀌다.
  맛! 용의자로 추적하던 범인이 자취를 감추어 버렸어.

❸ 여럿 중에 몇 안 되게 특별하다.
  맛! 넌 내 소중한 친구 중에서 손가락 안에 꼽힌다니까.

손이 빠르다

일 처리가 빠르다.

비슷한 관용구 ▶ 손이 싸다, 손이 재다

무슨 일을 할 때 능숙하면서도 빠르게 잘하는 걸 말해요. 비슷한 관용구로는 '손이 싸다', '손이 재다'가 있는데, 여기에서 '싸다'와 '재다'는 '동작이나 걸음이 재빠르다'의 뜻이에요. 반대되는 말은 '일하는 동작이 매우 굼뜨다'를 뜻하는 '손이 뜨다'가 있어요.

"달래는 손이 빨라 남들보다 일을 두 배로 해내."

발이 넓다

친하게 지내거나 아는 사람이 많다.

비슷한 관용구 ▶ 발이 너르다

다양한 사람과 사귀어 아는 이가 많을 때 '발이 넓다'라고 해요. 인간관계를 넓히려면 이곳저곳 다니며 사람들을 만나야 하니, 그 점에 착안하여 만들어진 표현이에요. 아는 사람이 많을 뿐만 아니라 활동 범위가 넓을 때도 쓸 수 있어요. 반대되는 관용구 '발이 좁다'는 '사귀는 사람이 적거나 교제 관계가 좁다'의 뜻이에요.

"보는 사람마다 인사하는 걸 보니, 너 발이 넓구나."

손이 크다

어떤 일을 하는 데 돈이나 물건의 씀씀이가 넉넉하고 크다.

반대되는 관용구 ▶ 손이 작다

이 말은 단순히 손 크기가 크다는 얘기가 아니라, 돈이나 물건을 후하게 쓴다는 의미예요. 또 '일하는 수단이 많고 솜씨가 좋다'라는 뜻도 있어요. 이럴 때는 '손이 걸다'라고도 써요. 반대되는 관용구는 '돈이나 물건을 매우 조금씩 쓰다'의 뜻인 '손이 작다'예요.

"우리 할머니는 손이 커서 늘 음식을 푸짐하게 차리셔."

가려운 곳을 긁어 주다

꼭 필요한 것을 잘 알아서 그 욕구를 시원스럽게 만족시켜 주다.

비슷한 관용구 ▶ 가려운 데를 긁어 주듯

등이 가려울 때 손이 안 닿아 괴로웠던 적이 있나요? 누군가 가려운 부위를 대신 긁어 주면 그것만큼 시원한 일이 없어요. 이 말은 남의 궁금증이나 괴로움을 잘 알아서 풀어 준다는 의미예요.

"아지는 가려운 곳을 긁어 주듯 내가 필요한 걸 잘 챙겨 줘."

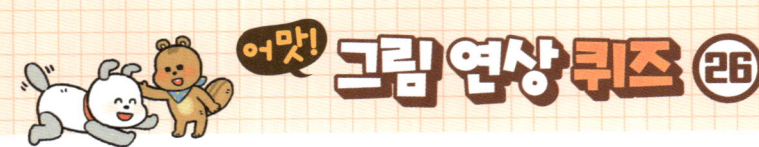

 를 나란히 하다

서로 비슷한 지위나 힘을 가지다.

'어깨'는 목 아래 끝에서 팔의 위 끝에 이르는 부분으로, '지위'나 '능력', '수준' 등을 말하기도 해요. '어깨를 나란히 하다'는 본래 '나란히 서거나 나란히 서서 걷다'의 뜻이에요. 이 뜻이 확장되어 비슷한 지위와 위치를 가지는 걸 의미하게 되었고, 이때는 '어깨를 견주다'와 바꿔 쓸 수 있어요. 또 '같은 목적으로 함께 일하다'의 뜻이 있어서 '어깨를 같이하다'와도 통해요.

`비슷한 관용구` ▶ 어깨를 견주다, 어깨를 같이하다

 "냉이는 유명 가수들과 어깨를 나란히 하는 실력이야."

  그림 연상 퀴즈 27

☐☐이 야무지다

일하는 것이 꼼꼼하고 빈틈이 없다.

'손끝'은 '손가락 끝'이고, '야무지다'는 '사람의 성질, 행동 따위가 빈틈없고 굳세다'의 뜻이에요. 손끝이 야무진 사람은 일을 실수 없이 잘 해내요. 비슷한 관용구로는 '손끝이 여물다', '손끝이 맵다' 등이 있어요. '손끝이 맵다'는 '손으로 살짝 때려도 아프다'의 뜻도 있답니다.

비슷한 관용구 ▶ 손끝이 여물다, 손끝이 맵다

"웅이는 <u>손끝이 야무져서</u> 만들기를 매우 잘해."

팔을 걷어붙이다

어떤 일에 적극적으로 나서서 하다.

비슷한 관용구 팔소매(소매)를 걷다, 발을 벗고 나서다

일을 시작하려 할 때 습관적으로 옷소매를 위로 말아 올리곤 해요. 본격적으로 일하겠다는 자세를 갖추는 것이지요. 비슷한 관용구로 '팔소매(소매)를 걷다', '발을 벗고 나서다'가 있어요. 더러 '걷어부치다'로 잘못 쓰는 일이 있는데, 올바른 표현은 '걷어붙이다'이니, 꼭 알아두세요.

"어려움을 겪고 있는 이재민을 돕기 위해 모두 팔을 걷어붙였어."

다리를 놓다

중간에 다른 사람을 통해 둘 또는 여럿을 연결해 주다.

'다리'는 '물을 건너기 위해 설치하는 구조물'이에요. 이쪽과 저쪽 사이를 연결해 주는 역할을 해요. 여기에서 착안해 '둘 사이의 관계를 이어 주는 역할을 하는 사람이나 사물'을 비유적으로 이르기도 해요. 일이 잘되게 하려고 사람을 소개해 연결해 주는 것이지요.

"옆 반 친구랑 다리를 놓아 줄 테니 말만 해."

 이런 **뜻**이 있어요

머리를 쓰다
어떤 일에 대해 이리저리 생각하거나 좋은 아이디어를 찾아내다.

생각하고 판단하려는 능력은 뇌가 있는 머리에서 나와요. '머리를 쓰다'는 마음속으로 이모저모 생각하고 고민하는 거예요. 참고로 '머리 회전이 빠르다'는 '생각이나 판단하는 능력이 분명하고 똑똑하다', '머리를 쥐어짜다'는 '애써 묘안을 짜내다'의 뜻이에요.

"그거 머리를 쓰면 쉽게 해결될 일 같은데?"

난다 긴다 하다
재주나 능력이 다른 사람보다 뛰어나다.

이 말의 '난다 긴다'는 '하늘을 날고 땅을 기다'의 그 어휘가 아니에요. 여기에서 '난다'는 윷놀이에서 말이 윷판을 다 돌아서 나는 것을 말하고, '긴다'는 긴 거리에 있는 말을 잡는 것이에요. 즉 '난다 긴다 하다'는 윷놀이를 잘하는 사람을 표현한 말로, 다른 사람보다 능력이 뛰어난 걸 의미해요.

"이번 대회에 전국에서 난다 긴다 하는 사람이 다 모였어."

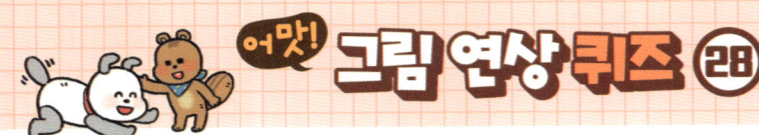

☐☐가 돋치다

상품이 빠른 속도로 팔려 나가다.

이 관용구는 '속도'와 관련 있어요. 어떤 상품이 빠른 속도로 팔리거나 소문 등이 순식간에 퍼지는 걸 말해요. 또 '돈 같은 것이 빨리 불어나다'의 뜻도 있어요. 이때는 주로 '날개가 돋친 듯이'로 쓰여요. 간혹 '돋히다'로 잘못 쓰는 일이 있는데, '밖으로 나와 도드라지다'의 뜻을 가진 '돋다'를 강조한 어휘는 '돋치다'가 바른 표현이에요.

 "코로나 19로 방역 마스크가 날개가 돋친 듯이 팔렸어."

☐☐가 굵다

일정한 곳이나 직장에서 오랜 시간 경험하여 그 일이 능숙하다.

'잔뼈'는 '어려서 아직 다 자라지 않은 가늘고 약한 뼈'를 말해요. 논리상 가늘고 약한 뼈가 굵다는 건 말이 되지 않아요. 그만큼 어떤 공간이나 일터에서 오랜 시간을 보내 그곳의 일과 풍토 등이 몸에 배었다는 뜻이에요. 참고로 '잔뼈가 굵어지다'는 '한몫을 맡아서 해낼 만큼 어른으로 자라다'의 뜻이 있어요.

 "우리 삼촌은 군대에서 잔뼈가 굵은 사람이야."

손에 잡히다

마음이 차분해져 일할 마음이 내키고 능률이 나다.

비슷한 관용구 ▶ 손에 붙다

불안하면 일이 잘되지 않아요. 정서적으로 안정되어야 일하고 싶은 마음이 생기고 집중할 수 있어요. 이 말과 비슷한 관용구는 '일에 능숙해져 의욕과 능률이 오르다'를 뜻하는 '손에 붙다'예요.

"요즘 불안감 때문에 일이 손에 잡히지 않아."

가닥을 잡다

생각이나 상황 등을 정리하거나 이치에 맞게 바로잡다.

'가닥'은 '한 군데에서 갈라져 나온 낱낱의 줄이나 빛줄기'를 말해요. 또 '한 가닥, 두 가닥'처럼 이들 가닥을 세는 단위로도 쓰이지요. '가닥을 잡다'는 분위기나 상황 등을 잘 파악하여 논리에 맞게 정리하는 것이랍니다. '실마리'나 '단서'를 얻는 것과도 뜻이 통해요.

"그 상황에서 무엇을 해야 할지 가닥을 잡았어."

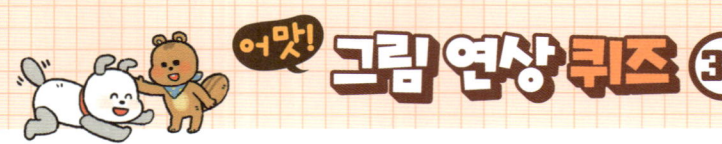

☐☐이 밝다

한두 번 가 본 길을 잘 찾아갈 만큼 기억력이 좋다.

'길눈'은 '한 번 가 본 길을 잘 익혀 두어 기억하는 눈썰미'이고, '밝다'는 '감각이나 지각 능력이 뛰어나다'를 뜻해요. 그래서 길눈이 밝은 사람은 길을 잘 찾아요. 반대되는 관용구는 '가 본 길을 잘 찾아가지 못할 만큼 기억하지 못하다'의 뜻을 가진 '길눈이 어둡다'예요. 그런 사람을 '길치'라고 해요.

반대되는 관용구 ▶ 길눈이 어둡다

"나는 길눈이 밝아서 어디든 잘 찾아."

관용구 사다리 타기

※ 사다리를 타고 내려가 어울리는 표현의 번호를 찾아 쓰세요.

어깨가 올라가다

보는 눈이 있다

손발이 맞다

1. 사람이나 일 따위를 평가하는 능력이 있다.
   예 이 그림의 가치를 알다니, 너 보는 눈이 있구나.
2. 칭찬을 받아 기분이 으쓱해지다.
   예 선생님의 칭찬에 어깨가 올라갔다.
3. 함께 일하는 데 마음이나 의견, 행동 등이 서로 일치하다.
   예 너랑 손발이 안 맞아서 일을 못 하겠어.

이런 뜻이 있어요

밴댕이 소갈머리

이해심이 없고 작은 일에도 화를 잘 내는 좁고 얕은 마음.

비슷한 관용구 밴댕이 소갈딱지

'밴댕이'는 청어과의 바닷물고기로, 전어와 비슷하게 생겼어요. 그런데 속이 워낙에 좁아서 내장이 작은 데다 잡히자마자 스트레스를 받아 바로 죽는다고 해요. 그 때문에 속이 좁고 너그럽지 못한 사람, 별스럽지 않은 말에도 금세 토라지는 사람을 두고 '밴댕이 소갈머리' 같다고 해요. '소갈머리'는 '마음이나 속생각'을 낮잡아 이르는 말이에요.

"어쩌면 속이 그렇게 좁은지 밴댕이 소갈머리가 따로 없어."

배가 아프다

남이 잘되어 못마땅하고 심술이 나다.

비슷한 관용구 배알이 꼴리다

스트레스를 받거나 마음이 좋지 않으면 소화가 안 되고 배가 아파요. 이 관용구는 다른 사람이 잘될 때 시기와 질투를 느낀다는 말로, 속담 '사촌이 땅을 사면 배가 아프다'와 통해요. 비슷한 표현으로 상대방의 행동이 거슬리고 아니꼬울 때 쓰는 '배알이 꼴리다'가 있는데, 여기에서 '배알'은 '창자'예요. 이 또한 남 잘되는 것을 시기하는 말이지요.

"웅이가 시험에 합격했다는 소식을 들으니 배가 아팠다."

☐☐ 뺨치다

아이가 어른도 못 당할 만큼 이해가 밝고 약다.

'뺨치다'는 실제로 뺨을 치는 게 아니라, '어떤 비교 대상을 뛰어넘다'란 뜻이에요. '어른 뺨치다'는 아이가 어른을 능가할 정도로 이해력이 좋고, 꾀가 많다는 의미예요. 순진하고 어리숙할 것 같은 아이가 예상외로 뛰어난 실력을 보이거나 눈치가 재빠를 때 쓰는 표현이에요.

"달래는 컴퓨터 실력이 어른 뺨치게 좋아."

이런 뜻이 있어요

눈독을 들이다

욕심이 나서 매우 관심 있게 보다.

비슷한 관용구 ▶ 눈독을 올리다, 눈에 불을 켜다

'눈독'은 원래 '눈에서 나오는 매서운 기운'을 말해요. 눈빛이 강렬하면 마치 눈에서 독이 나오는 듯한 느낌이 들어요. 뭔가 욕심이 나거나 원하는 것이 있으면 눈여겨보게 되는데, 그것이 바로 '눈독을 들이다'예요. 비슷한 관용구 '눈에 불을 켜다'는 '몹시 욕심을 내거나 관심을 기울이다'의 뜻이랍니다.

"저거 내 케이크니까 눈독을 들이지 마."

물불을 가리지 않다

어떤 어려움이나 위험이 있어도 신경 쓰지 않고 막무가내로 행동하다.

비슷한 관용구 ▶ 물불을 헤아리지 않다, 앞뒤를 가리지 않다

'물불'은 '어려움'이나 '위험'을 비유적으로 이르는 말이에요. 이것을 가리지 않는다는 것은 자신이 위험해질지도 모르는 상황에서도 행한다는 뜻이에요. 비슷한 관용구 '앞뒤를 가리지 않다'는 '신중히 생각하지 않고 마구 행동하다'의 뜻이에요.

"웅이는 환경 살리는 일이라면 물불을 가리지 않고 뛰어든다."

고삐 풀린 ☐☐☐

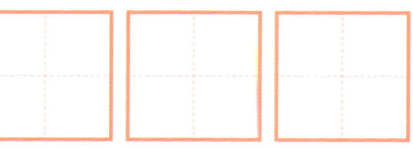

구속이나 통제에서 벗어나 몸이 자유로운 사람이나 상태를 이르는 말.

'고삐'는 '소나 말을 부릴 때 손에 잡고 끄는 줄'이에요. 이 고삐가 풀리면 주인의 통제를 받던 동물이 상대적으로 자유로워지겠지요? '고삐 풀린 망아지'는 통제에서 벗어나 '자유로워진 상태'를 이르거나 '행동을 거칠게 하는 사람'을 표현하기도 해요. 신나게 날뛰는 망아지가 연상되지 않나요?

비슷한 관용구 고삐 놓은 말, 굴레 벗은 망아지

"쉬는 시간이 되자 애들이 고삐 풀린 망아지처럼 뛰어다녔어."

 이런 뜻이 있어요

오지랖이 넓다

쓸데없이 아무 일에나 참견을 잘하는 면이 있다.

비슷한 관용구 ▶ 참견을 들다

꼭 남의 일에 참견하거나 훈수를 두는 사람이 있어요. '오지랖'은 '웃옷이나 윗도리에 입는 겉옷의 앞자락'이에요. 이게 너무 넓으면 안쪽 옷이나 몸까지 감싸게 되는데, 여기에서 주제넘게 남을 간섭하거나 염치없이 행동하다란 뜻이 나왔어요. '오지랖'을 '오지랍'으로 잘못 쓰지 않도록 주의하세요.

"아저씨는 오지랖이 넓어서 남의 일에 미주알고주알 참견하고 다녀."

간이 콩알만 하다

몹시 겁이 나서 기를 펴지 못하다.

비슷한 관용구 ▶ 간담이 한 움큼 되다

'간'은 몸속에서 해독을 담당하는 주먹만 한 기관이에요. 예부터 용기와 결단력 또한 이 간이 주관한다고 봤는데, 겁이 나면 긴장해서 쪼그라든대요. 여기에서 '간이 콩알만 하다'란 표현이 나왔어요. 비슷한 말로는 '몹시 놀라서 두려워하는 모양'을 뜻하는 '간담이 한 움큼 되다'가 있어요.

"이 험한 세상을 살면서 간이 콩알만 해서야 되겠니?"

찬바람을 일으키다
냉랭하고 쌀쌀맞은 태도를 드러내다.

'찬바람'은 '차갑고 싸늘한 기운이나 느낌'을 비유적으로 이르는 한 단어예요. 만약 일기예보의 '차가운 바람'을 표현하고 싶다면 '찬 바람'으로 띄어 써야 해요. '찬바람을 일으키다'는 그만큼 서늘한 태도를 보여 준다는 말이에요. 기분이 안 좋거나 상대에게 자신의 불만을 드러낼 때 이런 태도를 보이겠지요.

"오늘따라 왜 저렇게 찬바람을 일으키며 쌀쌀하게 굴어?"

가면을 쓰다
속마음을 감추고 아닌 척 꾸미다.

반대되는 관용구 가면을 벗다

'가면'은 '얼굴을 감추려고 얼굴 위에 쓰는 물건'이란 뜻 외에 '자신의 속마음을 감추고 거짓으로 나타내는 행위나 태도'를 비유적으로 이르는 말이기도 해요. 그래서 '가면을 쓰다'는 자신의 진짜 마음을 드러내지 않고 숨기는 걸 의미해요. 반면 '가면을 벗다'는 '정체를 드러내거나 속마음을 알리다'의 뜻이랍니다.

"너 속으로는 내가 싫지만 좋은 척 가면을 쓰고 있는 거 아니야?"

☐ 이 시커멓다

마음이 깨끗하지 않고 생각하는 것이 엉큼하고 음흉하다.

'속'은 '품고 있는 생각', '속마음'을 나타내기도 해요. '속이 시커멓다'는 품고 있는 생각이 까맣다, 즉 순수하지 못한 걸 말해요. 겉으로는 같은 편인 것처럼 굴면서 마음속으로 다른 꿍꿍이셈을 할 수 있지요. 그런 엉큼한 사람에게 쓰는 말이랍니다.

비슷한 관용구 ▶ 속이 검다

"네 이익만 생각하는 속이 시커먼 사람은 되지 마."

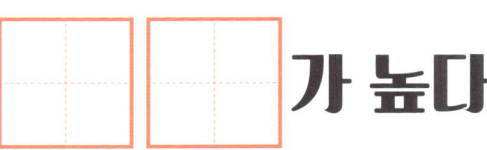 가 높다

잘난 체하고 뽐내는 태도가 있다.

'미간에서 코끝에 이르는 콧등의 줄기'가 바로 '콧대'예요. 얼굴의 중심을 잡아 주어서 '우쭐하고 거만한 태도'를 가리키기도 해요. '콧대가 높다'는 성격이 도도하여 어지간한 상대는 우습게 생각하는 사람에게 쓰는 표현이에요.

  "유명 가수가 되더니 너무 콧대가 높아진 거 아니야?"

엉덩이가 무겁다

도무지 일어날 생각을 안 하고 한자리에 오래 앉아 있다.

비슷한 관용구 엉덩이가 질기다, 밑이 무겁다, 궁둥이가 무겁다

한번 자리 잡고 앉으면 좀처럼 일어나지 않는 사람을 보고 '엉덩이가 무겁다'라고 해요. 한곳에 오래 앉으면 좀이 쑤실 만도 한데, 그만큼 버티는 힘이 있다는 뜻이에요. 비슷한 관용구로 '엉덩이가 질기다', '밑이 무겁다', '궁둥이가 무겁다' 등 여러 가지가 있어요. 반대되는 관용구는 '한자리에 오래 머물지 못하고 금방 자리를 뜨다'의 '엉덩이가 가볍다'예요.

"회장은 공부할 때 엉덩이가 무거운 걸로 유명해."

입만 살다

행동은 하지 않으면서 말만 그럴듯하게 잘하다.

비슷한 관용구 말만 앞세우다

입은 말하는 기관이에요. '입만 살다'는 실천하지 않고 말만 번지르르하게 잘하는 걸 말해요. 그런 이를 '입만 산 사람'이라고 하지요. 비슷한 관용구로는 '말만 하고 실천은 하지 않다'의 뜻을 지닌 '말만 앞세우다'가 있어요.

"용이는 입만 살았지 실력이 형편없어."

☐☐에 바람 들다

실없이 행동하거나 너무 많이 웃어 대다.

'허파'는 숨을 쉬게 하는 기관이에요. 의학적으로 허파에 바람이 들었다는 건 폐에 구멍이 났다는 얘기예요. 가슴막 속에 공기가 차면서 호흡이 힘들고, 심하면 생명을 잃을 정도로 위험해져요. 하지만 관용구로는 평소와 다르게 지나치게 웃거나 마음이 들떠 있는 사람에게 분위기를 환기하면서 건네는 말이랍니다.

"허파에 바람 든 사람처럼 왜 그렇게 계속 웃고 그래?"

관용구 사다리 타기

※ 사다리를 타고 내려가 어울리는 표현의 번호를 찾아 쓰세요.

 **밑도 끝도 없이**

 **쥐뿔도 모르다**

 **쓸개가 빠지다**

정답 ② ① ③

① 하는 짓이 옳고 그름에 맞지 아니하고 줏대가 없다.
  맛! 연예인을 사귀겠다니, 쓸개가 빠진 소리 좀 그만해.

② 아무것도 알지 못한다.
  맛! 쥐뿔도 모르면서 남의 일에 무슨 상관이야?

③ 앞뒤의 연관 관계 없는 말을 불쑥 꺼내어 갑작스럽게.
  맛! 밑도 끝도 없이 학교를 관두겠다고 하면 어쩌자는 거야?

이런 뜻이 있어요

가슴이 뜨끔하다
어떤 일에 놀라거나 양심의 가책을 받다.

비슷한 관용구 가슴에 찔리다

'뜨끔하다'는 '마음에 큰 자극을 받아 뜨겁다'란 뜻이 있어요. 더러 가슴에 뜨거운 게 닿은 것처럼 흠칫할 때가 있지요. 자신의 도덕적 잣대에 비추어 봤을 때 부끄러움이나 미안함이 생겼을 때 느껴지는 마음이에요. '심한 양심의 가책을 받다'의 뜻을 가진 '가슴에 찔리다'와도 통해요.

"도둑이 제 발 저리다고, 경찰을 보는 순간 가슴이 뜨끔하더라고."

핏대를 세우다
피가 몰려 얼굴이 붉어질 정도로 화를 크게 내다.

비슷한 관용구 핏대를 돋우다, 핏대를 올리다

'핏대'는 원래 '굵은 핏줄'을 말해요. 머리에서 피가 심장으로 들어가는 목 부분의 혈관으로, 크게 화가 나거나 흥분하면 이곳이 툭 튀어나오면서 얼굴과 목이 붉게 돼요. 그래서 '불쾌하고 분한 감정'을 표현할 때도 이 말을 써요. 목에 핏대를 세우고 아주 큰 소리를 내는 것이지요.

"별것도 아닌 일에 왜 핏대를 세우면서 화내는 건데?"

어맛! 그림 연상 퀴즈 36

피가 ☐☐☐ 솟다

몹시 흥분한 상태를 비유적으로 이르는 말.

이 말은 '피가 머리로 모이다'의 뜻으로, 몹시 분하고 화가 솟구쳐서 어쩌지 못하는 상황을 말해요. 화가 나면 심장이 빨리 뛰면서 얼굴이 붉어지고 머리까지 아파요. 간혹 혈압이 올라 쓰러지기도 하고요. 그만큼 분노가 느껴질 때 이렇게 표현한답니다.

비슷한 관용구 ▶ 피가 거꾸로 돌다

  "나 같아도 그런 일을 보면 **피가 거꾸로 솟았겠다**."

너희 둘 정체가 뭐야?

우리로 말할 것 같으면!

척하면 착인 사이지.

후훗!

…

척하면 착이다
약간의 암시만 있으면 바로 이해하다.

'척하면'은 '한마디만 하면' 또는 '약간의 암시만 주면'이란 뜻이에요. 그래서 '척하면 착이다'라고 하면 길게 설명하지 않고, 한마디 말이나 힌트로 대번에 알아채는 걸 말해요. '척하면 척이다'로 잘못 쓰는 일이 있는데, '척하면 착이다'가 바른 표현임을 기억하세요.

"척하면 착이지, 뭘 일일이 물어보고 그래."

속이 시원하다
좋은 일이 생기거나 나쁜 일이 없어져서 기분이 상쾌하다.

비슷한 관용구 ▶ 가슴이 트이다

고민이 있으면 소화가 잘 안 되고 속이 답답해요. '속이 시원하다'는 그동안 신경 써 왔던 일이 해결되어 홀가분한 느낌이 드는 거예요. 비슷한 관용구로 '가슴이 트이다'가 있는데, 이는 '마음속에 맺힌 것이 풀리어 환해지다'의 의미랍니다.

"시험이 끝나니까 아주 속이 시원하다."

그림 연상 퀴즈 37

가슴에 ☐ 이 들다

마음속에 고통이나 아픔이 남아 없어지지 않다.

'멍'은 '심하게 부딪히거나 맞아서 살갗 속에 퍼렇게 피가 맺힌 자국'으로, '아픔'의 흔적이기도 해요. '가슴에 멍이 들다'는 어떤 고통이나 슬픔으로 인해 마음속에 지워지지 않는 상처가 남았다는 뜻이에요. 더 강조하는 말로는 '가슴에 피멍이 들다'가 있어요.

비슷한 관용구 ▶ 가슴에 멍이 지다

"그 애의 배신으로 난 가슴에 멍이 들었어."

애간장을 태우다

몹시 신경 쓰거나 걱정하여 초조하다.

비슷한 관용구 애가 마르다, 속을 끓이다

'애간장'은 '초조한 마음속'을 뜻하는 '애'의 강조 표현이고, '태우다'는 '몹시 불안하여 걱정하다'의 뜻이 있어요. 즉 '애간장을 태우다'는 어떤 일에 마음 졸이는 걸 말해요. 비슷한 표현으로는 '자꾸 신경 쓰며 마음을 태우다'의 뜻을 가진 '속을 끓이다', '몹시 안타깝고 초조하여 속상하다'의 '애가 마르다'가 있어요.

"놀이터에서 사라진 강아지 때문에 가족 모두 애간장을 태웠어."

심장이 뛰다

흥분되거나 긴장하여 마음이 조마조마하다.

'심장이 뛰다'는 어떤 일에 대한 기대감이나 긴장감으로 인해 가슴이 두근거리는 걸 말해요. 초조하거나 괴로운 마음보다는 떨리고 설레는 기분을 표현할 때 더 자주 써요. 참고로 '큰 기쁨이나 감격으로 마음속이 꽉 차다'의 뜻일 때는 '가슴이 터지다', '심장이 터지다' 등으로 쓸 수 있어요.

"그가 연설장에 들어서자 모두의 심장이 뛰기 시작했어."

 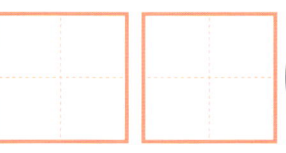 그림 연상 퀴즈 38

☐☐이 무너지다

심한 슬픔이나 절망 따위로 몹시 가슴이 아프고 괴롭다.

'억장'은 한자어 '억장지성(億丈之城)'의 줄임말로, '억 장이나 되는 높이의 성'을 말해요. 길이의 단위인 '장'이 약 3미터 정도니까, 억장은 어마어마한 높이예요. 즉 '억장이 무너지다'는 '엄청나게 높은 성이 무너질 정도로 큰일이 벌어지다'란 뜻에서 몹시 아프고 괴로운 상황을 표현하는 말이 된 것이랍니다.

비슷한 관용구 가슴이 무너져 내리다

  "배고픔에 떠는 아이들을 보고 억장이 무너졌어."

숨통이 막히다

숨을 쉴 수 없을 정도로 답답함을 느끼다.

비슷한 관용구 ▶ 숨이 막히다

'숨통'은 '숨 쉴 때 공기가 통하는 기관'이에요. 막히거나 끊어지면 결국 숨을 못 쉬어 죽게 돼요. '숨통이 막히다'는 그만큼 꽉 막히거나 답답한 일을 만났을 때 쓰는 말이랍니다. 비슷한 표현에는 '숨이 막히다'가 있고, 반대되는 관용구로는 '답답한 상태에서 벗어나다'를 뜻하는 '숨통이 트이다'가 있어요.

"아, 너 일하는 걸 보니 숨통이 막혀서 못 살겠어."

직성이 풀리다

자기 성미대로 되어 마음이 흡족하다.

'직성'은 '사람의 나이에 따라 그 운명을 맡아보는 아홉 개의 별'을 말해요. 민간 신앙에서는 이 별의 변화에 따라 운명이 정해진다고 봤어요. 흉한 직성이 찾아오면 그해 운수가 잘 안 풀리고, 길한 직성이 오면 일이 뜻대로 되는 것이지요. 여기에서 '직성이 풀리다'가 유래되어, 소원이나 욕망 등이 원하는 대로 이루어져서 마음이 흐뭇해진 상태를 표현하게 되었어요.

"너 꼭 그렇게 해야만 직성이 풀리겠어?"

마음이 돌아서다
가졌던 마음이 아주 달라지다.

마음은 눈에 보이는 게 아니라서 돌아서는 자체가 논리적으로 맞지 않아요. 이 표현은 좋아하던 것을 더는 좋아하지 않게 되었다는 의미예요. 또 '틀어졌던 마음이 다시 정상적인 상태로 되다'의 뜻도 있어요. 이럴 때는 "부인의 마음이 돌아서서 부부 사이가 다시 좋아졌다."처럼 써요.

"여자 친구가 돌연 나에게서 마음이 돌아섰는지 헤어지자고 하더라."

어안이 벙벙하다
뜻밖에 놀랍거나 기막힌 일을 당하여 어리둥절하다.

비슷한 관용구 어안이 막히다, 말문이 막히다

'어안'은 '어이없어 말을 못 하고 있는 혀 안'이라는 뜻이에요. 너무나 황당하거나 어이없는 일을 당하면 말 한마디 못 한 채 얼떨떨한 상태가 되지요. '어안이 벙벙하다'는 그런 상황을 가리키는 말로, '뜻밖에 놀랍거나 이상한 일을 당하여 기가 막히다'의 '어안이 막히다', '황당하여 말이 입 밖으로 나오지 않게 되다'의 '말문이 막히다'와도 뜻이 통해요.

"내가 시험에 붙었다니, 아직도 어안이 벙벙해."

☐에 ☐을 쥐다

아슬아슬하여 마음이 몹시 조마조마하다.

　우리 몸은 더위를 느낄 때뿐만 아니라 몹시 긴장했을 때도 땀을 내보내요. 긴장하면 체온이 올라가고, 뇌에서는 열을 식히기 위해 땀을 내보내라고 지시하거든요. '손에 땀을 쥐다'는 한시도 눈을 뗄 수 없는 막상막하의 경기나 곡예를 볼 때 땀이 흥건해질 정도로 긴장했을 때 쓰는 표현이에요.

"경기가 얼마나 흥미진진하던지 손에 땀을 쥐면서 봤다니까."

관용구 사다리 타기

※ 사다리를 타고 내려가 어울리는 표현의 번호를 찾아 쓰세요.

 걱정이 태산이다

 눈물을 머금다

 밥맛이 떨어지다

❶ 해결해야 할 일이 너무 많거나 복잡해서 걱정이 아주 크다.
　　앞으로 먹고살 생각을 하니 걱정이 태산이다.

❷ 슬픔이나 고통을 참으려 애를 쓰다.
　　내가 눈물을 머금고 콘서트 표를 너에게 양보할게.

❸ 상대방의 말, 행동 등이 불쾌하고 역겹다.
　　그 애 말투가 얼마나 능글능글한지 밥맛이 떨어졌어.

떼어 놓은 당상

일이 확실하여 조금도 틀림이 없음을 이르는 말.

비슷한 관용구 ▶ 따 놓은 당상

'떼어 놓은 당상이 변하거나 다른 데로 갈 리 없다'는 뜻으로, 틀림없다는 걸 강조하는 표현이에요. 여기에서 '당상'은 조선 시대 정3품 이상의 벼슬인 당상관을 가리키기도 하고, 그들이 썼던 망건에 달린 관자를 가리키기도 해요. 이미 확보해 놓은 관직에 오르는 일이 어떤 변수가 없는 한 확실하다는 의미예요. 속담 '받아 놓은 당상'과도 통해요.

"지금 추세로 봐서는 회장 당선은 떼어 놓은 당상이야."

퇴짜를 맞다

바치는 물건이나 내는 의견, 사람 등이 거절을 당하다.

'퇴짜'는 '바치는 물건을 물리치는 일, 또는 그 물건'을 말해요. 이 말은 한자 '퇴자(退字)'에서 유래했어요. 옛날에 관청에 바친 특산물을 심사할 때 품질이 낮은 경우 불합격한다는 뜻에서 물건 귀퉁이에 '물리칠 퇴(退)'를 찍었어요. 이 말이 점차 '거절'의 뜻으로 쓰이기 시작했어요.

"데이트 신청을 했다가 퇴짜를 맞아서 상처받았어."

피땀과 돈방석

흠흠

그동안 **피땀을 흘려서** 드디어 우리 집을 장만했다.

짜-잔

와아-!!

엄마 아빠, 고생 많으셨어요.

저희가 이담에 성공하면 진짜 **돈방석에 앉게** 해 드릴게요.

우리 돈방석 필요 없어, 얘들아.

너희의 사랑이면 충분하단다.

쨍~

푹

신

피땀을 흘리다
온갖 힘과 정성을 쏟아 노력하다.

'피땀'은 '피'와 '땀'을 아울러 이르는 말이지만, '뭔가를 이루기 위해 몹시 애쓰는 노력과 정성'을 뜻하기도 해요. 그래서 '피땀을 흘리다' 하면 엄청나게 노력한다는 의미예요. 참고로 '피땀을 짜내다'란 말은 '가혹하게 노동력이나 재물을 빼앗다'란 뜻으로, "기업이 노동자의 피땀을 짜내 이윤을 남겼다."처럼 쓸 수 있어요.

"내가 그 일을 성사시키기 위해 얼마나 많은 피땀을 흘렸는지 알아?"

돈방석에 앉다
매우 많은 돈을 가져 안락하게 살다.

'방석'은 '앉을 때 밑에 까는 깔개'로 엉덩이가 덜 배기게 해 줘요. 이 방석이 돈으로 되어 있다는 건 그만큼 큰돈을 가진 거겠죠? 갑작스럽게 돈을 많이 벌어서 벼락부자가 되었거나, 투자가 잘되어 성공했을 수도 있어요. 돈을 방석으로 만들어 깔고 앉을 만큼 많이 벌었으니, 편안하게 산다는 의미예요.

"그 제작자는 이번 영화의 성공으로 돈방석에 앉았대."

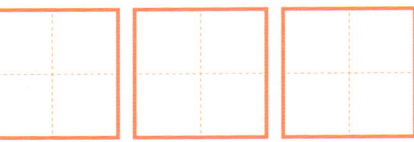

밑 빠진 ☐ ☐ ☐

아무리 노력해도 보람이 없는 상태를 이르는 말.

금이 가거나 구멍 난 항아리에 물을 부은들 찰 리 없어요. 계속 새어나갈 테니까요. '밑 빠진 항아리'는 힘이나 돈을 아무리 들여도 끝이 없고, 들인 보람이 없는 사물이나 상황을 비유적으로 이르는 말이에요. 속담 '밑 빠진 독에 물 붓기'와 통해요.

비슷한 관용구 ▶ 밑 빠진 독

"사업에 아무리 돈을 보태 주면 뭘 해, 밑 빠진 항아리인데."

 ## 그림 연상 퀴즈 ㊶

상승 ☐☐ 를 달리다

이기는 기세를 몰아 계속 앞으로 나아가다.

  이 말은 '싸움에 이긴 형세를 타고 계속 몰아치다'의 '승승장구하다'와 뜻이 통해요. 여기에서 '가도'는 '성공이나 출세가 막힘없이 계속됨'을 비유적으로 이르는 말이에요. "출세 가도를 달리다.", "성공 가도를 달리다."처럼 쓸 수 있어요.

"우리 반은 1반과의 대결에서 승리한 후 계속 **상승 가도를 달리고** 있어."

할아버지의 이름

이름을 걸다

어떤 사람이나 집단의 명예를 걸고 책임지다.

이름은 다른 사람과 구별하여 불리는 고유의 말이자 정체성을 나타내는 표시예요. '이름을 걸다'는 어떤 일에 자신이나 단체의 명예를 내세우고 책임감 있게 해내겠다는 의미가 있어요. 또 "사랑과 정의의 이름을 걸고 널 용서하지 않겠다."처럼 '뭔가를 구실로 삼아서 하겠다'는 뜻도 있어요.

"내 이름을 걸고 이번 일은 꼭 완수할게."

간판을 내리다

가게를 접거나 단체 따위가 활동을 그만두다.

 간판을 걸다

'간판'은 '가게나 기관 등의 이름을 써서 건물 밖에 걸거나 붙이는 판'을 말해요. 그래서 '간판을 걸다' 하면 '가게나 단체에서 장사나 활동을 시작하다'를 뜻해요. 그 반대 표현이 '간판을 내리다'로, 폐업하거나 활동을 멈추는 걸 말해요.

"그 김밥 가게 간판을 내린 지 오래야."

뜬구름을 잡아도

뜬구름을 잡다

확실하지 않고 헛된 것을 좇다.

비슷한 관용구 ▶ 구름을 잡다

'하늘에 떠다니는 구름'인 '뜬구름'은 일정한 방향을 정해 놓고 움직이지 않아요. 공기의 흐름에 따라 떠다니기도 하고, 생겼다 사라지기도 하지요. 그래서 '덧없는 세상일이나 일정한 목표나 뜻이 없는 삶'을 비유해요. '뜬구름을 잡다'는 막연하거나 황당한 일을 추구하는 거예요.

"뜬구름을 잡지 말고 좀 현실적으로 살 순 없겠니?"

자리가 잡히다

새로운 일이 익숙해지거나 새로운 곳의 생활이 안정되다.

서투르고 어색한 일이 편하게 되거나 그런 과정을 통해 생활이 안정되었을 때 '자리가 잡히다'라고 표현해요. 규율과 규칙이 제대로 정착되어 사람들이 잘 지킬 때도 "교통질서가 서서히 자리가 잡혀 간다."처럼 쓸 수 있어요.

"새로 시작한 일이 어느 정도 자리가 잡혀 편해졌어."

☐ 건너가다

일의 상황이 이미 끝나 어떤 조치도 취할 수 없다.

여기에서의 '물'은 불교에서 말하는 '삼도천'을 의미해요. 삼도천은 죽은 지 7일째에 건너는 강으로, 한번 건너면 영영 다시 살아 돌아올 수 없어요. 그래서 더 이상 돌이킬 수 없는 상태가 되었을 때 '물 건너가다'라고 해요. '다시 바로잡거나 되돌릴 수 없는 일'을 가리키는 '엎지른 물'과 뜻이 통해요.

비슷한 관용구 ▶ 엎지른 물

"이 시합, 첫판부터 우승은 물 건너갔구나."

어맛! 그림 연상 퀴즈 43

☐☐을 차다

재산이나 살림이 없어지거나 거지가 되다.

'작은 바가지'를 가리켜 '쪽박'이라고 해요. 옛날에는 거지가 동냥하러 다닐 때 허리춤에 쪽박을 차고 다녔어요. 누군가 밥을 주면 이 바가지에 담아 먹곤 한 데서 유래된 말이에요. 요즘은 '사업에 실패하거나 경제적으로 거덜이 나다'의 뜻으로 더 자주 쓰여요. 비슷한 관용구로는 '빌어먹는 신세가 되다'의 '깡통을 차다'가 있어요.

비슷한 관용구 ▶ 깡통을 차다

"너 그렇게 돈 쓰다가는 쪽박을 차기 십상이야."

웬 떡이냐

뜻밖의 행운이나 횡재를 만났을 때 이르는 말.

옛날에는 '떡'이 귀한 음식이라 특별한 날이나 명절 때만 해 먹을 수 있었어요. 그래서 떡은 '좋은 운수'나 '재물'을 말하기도 해요. '웬 떡이냐'는 생각지도 못한 좋은 일을 만났을 때 감탄사처럼 쓰는 말이에요. '웬 떡'을 '왠 떡'으로 잘못 쓰지 마세요. '웬'은 '어찌 된'이란 뜻의 한 단어이고, '왠'이란 말은 없으니까요.

"어제 책 사이에서 돈을 발견했을 때 이게 웬 떡이냐 싶더라."

말짱 도루묵

아무 소득이 없는 헛된 일이나 헛수고를 이르는 말.

비슷한 관용구 ▶ 도로 아미타불

'말짱'은 '빠짐없이 모두'를 뜻하고 '도루묵'은 '도루묵과의 생선'이에요. 임진왜란 때 함경도로 피란을 간 선조는 어부가 잡아 바친 '묵'이란 생선이 너무 맛있어서, '은어'라고 이름을 지어 줬어요. 전쟁이 끝나고 다시 은어를 먹어 보니, 맛이 없어서 '도로 묵'이라 부르라고 한 데서 이 말이 생겨났어요. 비슷한 관용구로는 '평생 불경을 외웠지만 아무런 효과가 없다'의 뜻인 '도로 아미타불'이 있어요.

"3년간 공부한 시험을 망치다니, 말짱 도루묵이지 뭐."

☐☐ 가라면 서럽다

스스로나 다른 사람이 인정하는 첫째다.

'둘째가다'는 '어떤 지위나 차례에서 최고의 바로 아래가 되다'예요. 말 자체로 보면 '많은 것 가운데 가장 뛰어난 것의 바로 뒤를 잇다'의 '버금가다'와 통해요. 하지만 '둘째가라면 서럽다'라고 하면 모두가 인정하는 첫째, 즉 '최고'라는 뜻이에요.

 "그 배우는 연기력으로는 둘째가라면 서러울 정도야."

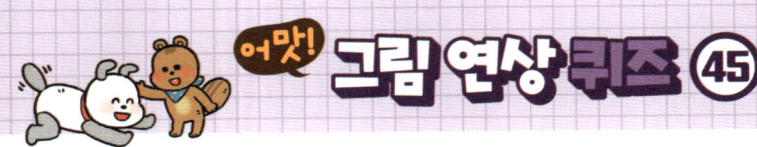

찬밥 ☐☐☐ 가리다

어려운 형편에 있으면서 이것저것 따지다.

    밥은 갓 지은 따끈따끈한 밥이 맛있어요. 수분을 충분히 머금어서 씹으면 부드럽고 소화도 잘되지요. 반면 찬밥은 물이 증발하면서 점점 딱딱해져 맛이 덜해요. 하지만 배가 고플 때는 찬밥과 더운밥을 가려서 먹을 수 없어요. 그런데도 가린다는 건 배부른 행동을 하며 허세를 떠는 거예요.

 "네가 지금 찬밥 더운밥 가릴 입장은 아니지 않아?"

관용구 사다리 타기

※ 사다리를 타고 내려가 어울리는 표현의 번호를 찾아 쓰세요.

 한 우물을 파다

 죽을 쑤다

 끈이 떨어지다

정답 ③ ② ①

① 어떤 일을 완전히 망치거나 실패하다.
예) 나 이번 시험 완전히 죽을 쒔어.

② 한 가지 일에만 몰두해서 끝까지 하다.
예) 한 우물을 파야 성공할 수 있어.

③ 붙들고 살아가던 방법이나 수단이 끊어지다.
예) 친구한테 배신당하고 사업 실패하고, 끈이 떨어진 신세가 되었어.

사시나무 떨듯
몸을 몹시 떠는 모양을 비유적으로 이르는 말.

'사시나무'는 '수원사시나무'라고도 불리는 버드나뭇과의 나무로, 높이가 20미터까지 자라요. 잎자루가 다른 나무보다 길고 서늘한 걸 좋아해요. 그래서 햇볕을 받아 뜨거워진 줄기의 열을 내리기 위해 바람이 불지 않아도 스스로 이파리를 흔든답니다. 여기에서 유래돼 몸을 덜덜 떠는 걸 보면 '사시나무 떨듯'이라고 표현해요.

"추워서인지 겁이 나서였는지 사시나무 떨듯 했다."

하늘이 노래지다
갑자기 큰 충격을 받아 정신이 아찔하게 되다.

비슷한 관용구 하늘이 캄캄해지다

태양에서 나온 빛은 지구의 대기 분자와 부딪치면서 여러 색깔로 분산되는데, 이 중 푸른 계열이 더 많이 퍼져요. 하늘이 파랗게 보이는 이유예요. 그런데 심하게 어지럽거나 아픔이 느껴질 때는 눈앞의 색을 분간하지 못할 정도로 정신이 없어요. '하늘이 노래지다'는 기력이 쇠해지거나 큰 충격을 받은 상태예요. '하늘이 캄캄해지다'와 뜻이 통해요.

"친구의 사고 소식을 듣자 하늘이 노래졌어."

콩 튀듯 팥 튀듯

몹시 화가 나서 펄펄 뛰는 모양을 비유적으로 이르는 말.

비슷한 관용구 콩 튀듯

가을이 되면 콩이나 팥을 알맞은 시기에 수확해야 해요. 너무 일찍 하면 꼬투리 안의 열매가 여물지 못해서 안 되고, 너무 늦으면 햇볕에 바싹 마른 꼬투리가 탁탁 터지는데, 그럴 때마다 안에 있는 알맹이가 튀어나와 수확에 애를 먹어요. 여기에서 나온 말이 '콩 튀듯 팥 튀듯'으로 제 성미를 못 이기고 이리저리 튀어 다니는 모양을 말해요.

"콩 튀듯 팥 튀듯 화만 내지 말고 내 얘기를 들어 봐."

봄눈 녹듯

무엇이 빨리 스러지며 없어지는 모양을 비유적으로 이르는 말.

비슷한 관용구 봄눈 슬듯

'봄눈'은 '봄철에 오는 눈'으로 '춘설'이라고도 해요. 날이 따뜻해지면 내리는 눈도 땅에 떨어지는 즉시 녹아 없어져요. 어떤 사물이나 기분이 쉽게 사그라드는 걸 빗댄 표현이에요. 또 '먹은 음식이 금방 소화됨'을 뜻하기도 해요. "밥 대신 죽을 먹었더니 봄눈 녹듯 내려갔다."처럼 쓸 수 있어요.

"자초지종을 듣고 나니 봄눈 녹듯 오해가 싹 풀렸어."

☐☐에 체조하다

주변 상황과 어울리지 않는 행동을 하는 것을 핀잔하는 말.

　요즘엔 밤이라도 환해서 외출하는 데 지장이 없어요. 하지만 예전에는 어두워지면 일찍 자야 한다고 생각했어요. 밤에 체조하러 나간다고 하면 누가 봐도 엉뚱한 행동이었지요. 그래서 격이나 상황에 맞지 않는 행동을 보면 "달밤에 체조하냐?"라고 비꼬았어요. 참고로 속담 '발가벗고 달밤에 체조하다'는 '분별없이 체면을 깎는 짓을 함'을 뜻해요.

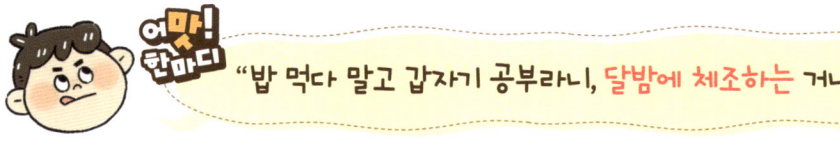

"밥 먹다 말고 갑자기 공부라니, 달밤에 체조하는 거니?"

그림 연상 퀴즈 47

떠오르는 ☐

**어떤 분야에 새롭게 등장하여
두각을 나타내는 사람을 비유적으로 이르는 말.**

밤하늘에서 반짝반짝 빛나는 별은 긍정적인 의미로 자주 쓰여요. '떠오르다'는 '관심의 대상이 되어 나타나다'란 뜻이에요. '떠오르는 별' 하면 사람들의 관심을 한 몸에 받으며 자기 분야의 재주를 뽐내는 사람이에요. 저녁의 서쪽이나 새벽녘 동쪽 하늘에 뜨는 '샛별' 또한 '뛰어난 능력이 있어 장래에 큰 발전이 있을 만한 사람'이란 뜻으로 쓰여요.

"지민이는 영화계에서 **떠오르는 별**로 등극했어."

된서리 맞은 곰이

꿀이다!

곰이야, 조금만 먹어.
자칫하면 **된서리를 맞는단** 말이야.

알았어.

설마 다 먹은 거야?

쩝쩝

딱 두 번밖에 안 먹었어. **도깨비에 홀린 것 같아.**

그, 글쎄.

감히 우리 꿀을 훔쳐 먹어?

꿀벌들, 공격 개시!

왜애앵

곰이 살려.

이만하길 천만다행이야.

꿀벌들이 엄청나게 화가 났더라고.

그래도 달콤하긴 했어.

도깨비에 홀린 것 같다
일이 돌아가는 형편이나 까닭을 몰라서 얼떨떨하고 멍하다.

도깨비는 사람의 모습을 하고 있지만 사람이 아닌, 신통력을 지닌 상상의 존재예요. 사람을 만나면 짓궂은 내기를 하거나 장난을 걸어서 혼을 쏙 빼놓곤 하죠. 거기에서 나온 표현이 '도깨비에 홀린 것 같다'예요. 결과적으로 일이 이상하게 되었거나 정신을 못 차릴 때 써요.

"손에 들고 있던 연필이 어디로 갔는지 꼭 도깨비에 홀린 것 같더라."

된서리를 맞다
매섭고 사나운 재앙이나 타격을 맞다.

'서리'는 맑고 바람 없는 날 밤에 기온이 영하로 떨어지면, 공기 중의 수증기가 땅 위에 닿아 엉기는 거예요. 이 서리가 '몹시 심하게 내린 것'이 '된서리'예요. 곡식이나 채소가 된서리를 맞으면 시들거나 얼어 죽어요. 그런 의미에서 '모진 재앙'이나 '억압' 등을 표현하는 말이 되었어요.

"어정쩡하게 행동하면 언젠가 된서리를 맞을지도 모른다고."

싹수가 노랗다

일이나 사람이 잘될 만한 가능성이 애초부터 없다.

비슷한 관용구 ▶ 싹이 노랗다

'싹수'는 '어떤 일이나 사람이 앞으로 잘될 것 같은 낌새'로, '싹'과 뜻이 통해요. 싹은 처음 돋아나는 어린잎이나 줄기로, 보통 녹색을 띠어요. 그런데 이 싹이 노랗다는 건 건강한 식물로 자랄 가능성이 적다는 뜻이에요. '싹수가 노랗다'는 어떤 사람이나 일의 장래성이 잘 보이지 않는다는 의미로 써요.

"벌써부터 거짓말이나 하고 다니다니, 싹수가 노랗구나."

빙산의 일각

대부분 숨겨져 있고 바깥으로 나타나 있는 것은 극히 일부분에 지나지 않음.

'빙산'은 '빙하에서 떨어져 나와 바다에 흘러 다니는 커다란 얼음덩어리'이고, '일각'은 '한 귀퉁이'란 뜻이에요. 얼음은 물보다 가벼워 물에 뜨는데, 빙산은 부피가 워낙 커서 안정적으로 뜨기 위해 90% 정도가 물 밑에 잠겨요. 물 위로 튀어나온 부분이 전체의 10%밖에 되지 않는답니다. 이렇듯 속에 크게 숨겨진 채 겉으로 조금만 드러난 상황을 가리켜 '빙산의 일각'이라고 해요.

"그 사건에 관해 우리가 알고 있는 건 빙산의 일각이야."

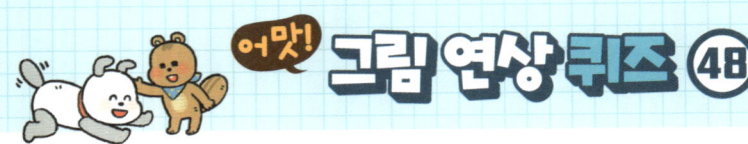

☐ 위의 ☐ ☐

서로 어울리지 못하고 겉도는 사이.

'밀도'는 '물질의 부피당 질량'으로, 물질마다 달라요. 물은 기름보다 밀도가 커서 둘을 섞으면 물 위로 기름이 떠요. 게다가 물 분자와 기름 분자는 서로 결합하지 않는 성질도 있어서 섞이지 않아요. 이들 관계를 빗대어 '물 위의 기름'이란 표현이 생겼어요.

비슷한 관용구 ▶ 물과 기름

"너와 난 물 위의 기름처럼 서로 어울리지 못하지."

 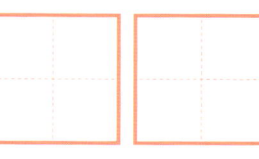 

해가 □□에서 뜨다

전혀 예상하지 못한 일이나 절대로 있을 수 없는 희한한 일이 벌어지다.

태양은 움직이지 않는 항성이고, 태양을 중심으로 움직이는 건 지구예요. 지구는 하루에 한 번 반시계 방향, 즉 서쪽에서 동쪽으로 자전축을 중심으로 자전해요. 따라서 지구에서 보면 태양이 동쪽에서 떠서 서쪽으로 지는 걸로 보여요. 이런 원리 때문에 '해가 서쪽에서 뜨는 일'은 없어요. 만약 그렇다면, 전 지구적으로 큰일 날 일이에요.

"네가 떡볶이를 다 사다니, 내일은 해가 서쪽에서 뜨겠구나."

그림 연상 퀴즈 50

☐가 오나 ☐이 오나

아무리 어려움이 있어도 언제나 한결같이.

　비나 눈이 내리는 날씨는 좋지 않아요. 옷이 젖거나 길이 미끄러워서 고생해요. 그래서 이 말은 '궂은일'이나 '어려움'을 나타내기도 해요. '비가 오나 눈이 오나'는 '어떤 어려움이 있어도 항상 지키는 습관이나 변함없는 태도'를 가리킬 때 써요.

비슷한 관용구 ▶ 눈이 오나 비가 오나

"장호는 비가 오나 눈이 오나 여자 친구를 기다려."

관용구 사다리 타기

※ 사다리를 타고 내려가 어울리는 표현의 번호를 찾아 쓰세요.

 **살얼음을 밟듯**

 **물과 불**

 **하늘과 땅**

정답 2 3 1

① 겁이 나서 매우 조심스럽게.
 살얼음을 밟듯 조심조심 걸었어.

② 둘 사이에 큰 차이나 거리가 있음.
너와 내 실력은 하늘과 땅 차이로 내가 훨씬 나아.

③ 서로 어울리지 못하고 잘 싸우는 상대.
둘은 성격이 너무 다른 물과 불 사이야.

미역국을 먹다
시험에서 떨어지다.

옛날부터 산모가 아기를 낳으면 흰 쌀밥과 미역국을 먹었어요. 그래서 생일이 되면 미역국을 먹는 풍습이 생겼지요. '미역국을 먹다'는 시험에서 떨어지거나 경쟁에서 밀려나는 것 외에 '해고당하다', '퇴짜를 맞다'의 뜻이 있어요. 미끈미끈한 미역의 특징 때문에 미끄러지는 것을 연상해서 나온 말이에요.

"이번에 지원한 회사에서 미역국을 먹었어."

꿀밤을 먹다
머리에 꿀밤을 맞다.

'꿀밤'은 '주먹 끝으로 가볍게 머리를 때리는 짓'으로 비슷한 말에는 '알밤'이 있어요. 꿀밤은 '꿀떡'처럼 '꿀을 바른 밤'으로 오해하기 쉬운데, 사실 '굴밤'이라는 굴참나무 열매, 즉 도토리의 일종이랍니다. 굴밤은 모양이 주먹을 쥐었을 때 살짝 튀어나온 가운데 부분처럼 생겼어요. 그래서 주먹 끝으로 가볍게 쥐어박히는 걸 '꿀밤을 먹다'라고 해요.

"끝말잇기 내기에서 진 바람에 꿀밤을 먹었지 뭐야."

고배를 마시다

패배, 실패 등의 쓰라린 일을 당하다.

비슷한 관용구 ▶ 쓴잔을 들다

'고배'는 본래 '쓴 술이 든 잔'으로, 비슷한 말로는 '쓴잔'이 있어요. 즐겁자고 마신 술에서 쓴맛이 난다는 건 그만큼 기분 안 좋은 일이 있다는 의미예요. 그래서 '쓰라린 경험'을 비유적으로 이르기도 해요.

"이번에 회장 선거에서 떨어져 낙선의 고배를 마셨어."

깨소금 맛

남의 불행을 보고 몹시 통쾌하다는 뜻을 이르는 말.

평소 싫어하던 사람이 안 좋은 일을 당했을 때 느끼는 통쾌함을 표현할 때 '깨소금 맛'이라고 해요. '깨소금'은 볶은 참깨를 빻거나 여기에 소금을 넣어 만든 조미료인데, 맛과 냄새가 무척 고소하답니다.

"얄미운 친구가 새 옷을 자랑하다가 음식을 흘린 걸 보니, 깨소금 맛이더라."

☐☐를 먹이다

결혼식을 올리다.

'잔치국수'는 '쇠고기나 멸치, 다시마로 낸 국물에 국수를 넣고 김, 호박 등의 고명을 얹어 먹는 음식'이에요. 국수의 긴 면발은 '장수'나 '신랑 신부가 오래도록 행복하게 살기를 바라는 마음'을 의미해요. 밀가루가 귀하던 옛날, 결혼식이나 환갑잔치 등 잔치에서 대접하던 음식이어서 '국수를 먹이다'가 결혼과 관련 있게 된 거예요.

비슷한 관용구 ▶ 국수를 먹다

 "삼촌은 우리한테 언제 국수를 먹여 줄 거예요?"

 가 되다

몹시 지쳐서 기운이 없거나 맥이 풀리다.

'파'는 뻣뻣하고 질기지만 소금에 절여 김치를 담가 놓으면 풀이 죽어요. '파김치'는 그러한 모습에서 유래한 말로, 지치고 기운 없는 상태를 표현하게 되었어요. 비슷한 표현으로 '녹초가 되다'가 있어요. 여기에서 '녹초'는 '불에 녹아 흐물흐물하게 된 초'예요.

"세 살짜리 사촌과 놀고 나니 파김치가 되었어."

떡국을 먹다
나이를 한 살 더 먹다.

'떡국'은 '가래떡을 얇게 썰어 맑은장국에 넣고 끓인 음식'이에요. 민속 해설서 《동국세시기》에 따르면 오랜 옛날부터 떡국을 '백탕' 또는 '병탕'이라 부르며, 설날 아침에 반드시 먹고 손님들한테 대접했어요. 그래서 옛사람들은 나이를 물을 때 "병탕을 몇 그릇 먹었느냐?"라고 물었대요.

"이번에 떡국을 먹으면 열세 살이 돼."

죽이 되든 밥이 되든
일이 제대로 되든지 안 되든지 어쨌든.

'죽'은 '곡식을 오래 끓여 알갱이가 푹 무르게 만든 음식'이에요. 몸이 아파 소화력이 떨어진 환자에게 주로 먹이는데, 밥을 지을 때보다 물을 훨씬 많이 넣어야 걸쭉하게 끓일 수 있어요. '죽이 되든 밥이 되든'은 하려고 하는 일이 어떻게 나오든 간에 일단 도전해 보겠다는 의지를 담고 있어요.

"에휴, 나도 모르겠다. 죽이 되든 밥이 되든 그냥 두자."

 이런 뜻이 있어요

골탕을 먹이다
한꺼번에 크게 손해를 입히거나 낭패를 당하게 만들다.

'골탕'은 본래 '소의 머릿골과 등골을 맑은장국에 넣어 익힌 국물'로, '골탕을 먹다' 하면 '맛있는 국물을 먹다'의 의미였어요. 이 말이 '은근히 해를 입어 골병이 들다'의 '곯다'와 소리가 비슷하게 들려서, 훗날 '골탕을 먹이다'가 손해를 입히거나 곤란하게 만들다의 뜻으로 변했어요.

 "맘에 안 드는 그 녀석에게 골탕을 먹여 줄 거야."

더위를 먹다
여름철에 더위 때문에 몸에 이상 증세가 생기다.

비슷한 관용구 더위가 들다

정월 대보름이 되면 더위를 먹지 않기 위해 상대의 이름을 불러서 그 사람이 대답하면, "내 더위 사라." 하면서 더위팔기를 했어요. 예전에는 한여름에 뙤약볕에서 일하다가 더위에 지쳐 아프거나 심하면 죽는 사람도 있었어요. 더위팔기는 한여름에 더위를 먹어 건강을 해치게 되는 것을 조심하자 뜻으로 행해진 풍속이에요.

 "뙤약볕에 오래 서 있으면 더위를 먹는다고."

  그림 연상 퀴즈 53

☐☐을 삼키다

음식을 보고 먹고 싶어서 입맛을 다시다.

　맛있는 음식을 보거나 상상하면 우리 뇌의 부교감 신경이 자극되어 침 분비가 많아져요. '군침'은 이때 '입 안에 공연히 도는 침'이에요. '군침을 삼키다'는 먹고 싶은 걸 표현하기도 하지만, '이익이나 재물을 보고 몹시 욕심을 내다'의 뜻으로도 쓰여요. 남의 것을 탐내는 것이지요.

비슷한 관용구 ▶ 군침을 흘리다

  "내 피자를 보고 왜 **군침을 삼키는데?**"

 을 삶아 먹다

목소리가 크다.

　'화통'은 '기차, 공장 등의 굴뚝'을 말해요. 옛날에 운행하던 증기 기관차의 운전실 앞쪽에는 동그란 원통 모양의 화통이 있었어요. 여기에서는 일정 시간마다 증기가 나오는데 그때 나는 소리가 엄청나게 컸어요. 그래서 목소리가 큰 사람을 보고 "기차 화통을 삶아 먹었나?"라고 표현하게 되었어요.

 "기차 화통을 삶아 먹었나, 무슨 목청이 그렇게 크니?"

관용구 사다리 타기

※ 사다리를 타고 내려가 어울리는 표현의 번호를 찾아 쓰세요.

 뜸을 들이다

 밥알을 세다

 깨가 쏟아지다

정답: ① ③ ②

① 일이나 말할 때 여유를 갖기 위해 서두르지 않고 한동안 가만있는 일.
   맛! 뜸을 들이지 말고 빨리 자초지종을 말해.

② 밥을 깨지락거리면서 먹다.
   맛! 밥상에 앉아서 밥알을 세는 걸 보니 뭘 좀 먹었나 본데?

③ 몹시 아기자기하고 재미나다.
   맛! 신혼이면 깨가 쏟아지겠구나.

관용구 찾아보기

ㄱ

가닥을 잡다 … 107
가려운 곳을 긁어 주다 … 97
가려운 데를 긁어 주듯 … 97
가면을 벗다 … 123
가면을 쓰다 … 123
가슴에 멍이 들다 … 139
가슴에 멍이 지다 … 139
가슴에 찔리다 … 134
가슴에 피멍이 들다 … 139
가슴이 뜨끔하다 … 134
가슴이 무너져 내리다 … 143
가슴이 터지다 … 142
가슴이 트이다 … 138
가시가 돋다 … 65
가시가 돋치다 … 65
간담이 한 움큼 되다 … 121
간이 콩알만 하다 … 121
간판을 내리다 … 159
간판을 걸다 … 159
걱정이 태산이다 … 149
고개를 끄덕이다 … 42
고개를 흔들다 … 42
고배를 마시다 … 191
고삐 놓은 말 … 119
고삐 풀린 망아지 … 119
골탕을 먹이다 … 198
구름을 잡다 … 161
국수를 먹다 … 192
국수를 먹이다 … 192
군살을 빼다 … 67
군침을 삼키다 … 199
군침을 흘리다 … 199
굴레 벗은 망아지 … 119
궁둥이가 무겁다 … 127
귀가 가렵다 … 21
귀가 간지럽다 … 21
귀가 번쩍 뜨이다 … 26
귀가 얇다 … 25
귀가 여리다 … 25

귀가 엷다 … 25
귀를 의심하다 … 27
귀에 딱지가 앉다 … 15
귀에 못이 박히다 … 15
귀에 싹이 나다 … 15
귓구멍이 넓다 … 25
길눈이 밝다 … 108
길눈이 어둡다 … 108
깡통을 차다 … 163
깨가 쏟아지다 … 201
깨소금 맛 … 191
꼭뒤에 피도 안 마르다 … 77
꽁무니를 빼다 … 53
꽁무니를 사리다 … 53
꿀밤을 먹다 … 189
꿈인지 생시인지 … 88
끈이 떨어지다 … 169

ㄴ

난다 긴다 하다 … 103
날개가 돋치다 … 104
날밤을 새우다 … 59
낯가죽이 두껍다 … 43
눈 깜짝할 사이 … 11
눈 깜짝할 새… 11
눈 하나 깜짝 안 하다 … 19
눈도 깜짝 안 하다 … 19
눈독을 들이다 … 118
눈독을 올리다 … 118
눈물을 머금다 … 149
눈물이 앞을 가리다 … 19
눈앞이 아찔하다 … 14
눈앞이 캄캄하다 … 14
눈앞이 깜깜하다 … 14
눈에 불을 켜다 … 118
눈에 흙이 덮이다 … 23
눈에 흙이 들어가다 … 23
눈을 씻고 보다 … 27
눈이 삐다 … 21
눈이 오나 비가 오나 … 184

ㄷ

다리를 놓다 … 101
다리를 뻗고 자다 … 60
다리를 펴고 자다 … 60
달밤에 체조하다 … 176
더위가 들다 … 198
더위를 먹다 … 198
도깨비에 홀린 것 같다 … 179
도로 아미타불 … 166
도마 위에 오르다 … 75
도마 위에 올려놓다 … 75
돈방석에 앉다 … 155
된서리를 맞다 … 179
두 다리를 뻗다 … 60
두 발을 펴다 … 60
둘째가라면 서럽다 … 167
뒤꽁무니를 빼다 … 53
뒤통수를 때리다 … 54
뒤통수를 맞다 … 54
따 놓은 당상 … 153
땀을 빼다 … 81
떠오르는 별 … 177
떡국을 먹다 … 195
떼어 놓은 당상 … 153
똥바가지를 쓰다 … 51
똥을 밟다 … 76
뜬구름을 잡다 … 161
뜸을 들이다 … 201

ㅁ

마음이 돌아서다 … 147
말만 앞세우다 … 127
말문이 막히다 … 147
말발을 세우다 … 67
말짱 도루묵 … 166
머리 꼭대기에 앉다 … 31
머리 위에 올라앉다 … 31
머리 회전이 빠르다 … 103
머리를 가로흔들다 … 42
머리를 맞대다 … 45
머리를 식히다 … 42
머리를 쓰다 … 103
머리를 쥐어짜다 … 103
머리에 쥐가 나다 … 35
머리에 피도 안 마르다 … 77

머리칼이 곤두서다 … 38
머리털이 곤두서다 … 38
몸살이 나다 … 80
물 건너가다 … 162
물 위의 기름 … 182
물과 기름 … 182
물과 불 … 185
물불을 가리지 않다 … 118
물불을 헤아리지 않다 … 118
미역국을 먹다 … 189
밑 빠진 독 … 156
밑 빠진 항아리 … 156
밑도 끝도 없이 … 129
밑이 무겁다 … 127

ㅂ

바가지를 쓰다 … 51
바람을 쐬다 … 42
발을 디딜 틈이 없다 … 74
발을 벗고 나서다 … 101
발을 뻗고 자다 … 60
발이 너르다 … 95
발이 넓다 … 95
발이 좁다 … 95
밥맛이 떨어지다 … 149
밥알을 세다 … 201
배가 아프다 … 114
배알이 꼴리다 … 114
밴댕이 소갈머리 … 114
밴댕이 소갈딱지 … 114
변죽을 울리다 … 67
보는 눈이 있다 … 109
보따리를 싸다 … 91
봄눈 녹듯 … 175
봄눈 슬듯 … 175
봄을 타다 … 83
불을 보듯 뻔하다 … 86
불을 보듯 훤하다 … 86
비가 오나 눈이 오나 … 184
비위가 뒤집히다 … 66
비위가 상하다 … 66
빙산의 일각 … 181
뼈를 깎다 … 83
뼈에 사무치다 … 83
뼈만 남다 … 83
뼈만 앙상하다 … 83

사시나무 떨듯 … 173
살얼음을 밟듯 … 185
상승 가도를 달리다 … 157
새침을 떼다 … 64
색안경을 끼고 보다 … 55
소매를 걷다 … 101
속을 끓이다 … 142
속을 떠보다 … 64
속을 뜨다 … 64
속이 검다 … 124
속이 시원하다 … 138
속이 시커멓다 … 124
손가락 안에 꼽히다 … 91
손금을 보듯 하다 … 89
손금을 보듯 환하다 … 89
손끝이 맵다 … 99
손끝이 야무지다 … 99
손끝이 여물다 … 99
손발이 맞다 … 109
손에 땀을 쥐다 … 148
손에 붙다 … 107
손에 잡히다 … 107
손이 놀다 … 74
손이 뜨다 … 95
손이 빠르다 … 95
손이 싸다 … 95
손이 작다 … 97
손이 재다 … 95
손이 크다 … 97
숨 쉴 사이가 없다 … 57
숨을 돌리다 … 57
숨이 막히다 … 145
숨통이 막히다 … 145
숨통이 트이다 … 145
시치미를 떼다 … 64
심장이 뛰다 … 142
심장이 터지다 … 142
싹수가 노랗다 … 181
싹이 노랗다 … 181
쓴잔을 들다 … 191
쓸개가 빠지다 … 129

앞뒤를 가리지 않다 … 118

애가 마르다 … 142
애간장을 태우다 … 142
약을 올리다 … 50
약이 오르다 … 50
어깨가 올라가다 … 109
어깨를 같이하다 … 98
어깨를 견주다 … 98
어깨를 나란히 하다 … 98
어른 뺨치다 … 115
어안이 막히다 … 147
어안이 벙벙하다 … 147
억장이 무너지다 … 143
얼굴 가죽이 두껍다 … 43
얼굴에 씌어 있다 … 31
얼굴이 두껍다 … 43
엉덩이가 가볍다 … 127
엉덩이가 무겁다 … 127
엉덩이가 질기다 … 127
엎지른 물 … 162
엿장수 마음대로 … 87
오금이 저리다 … 90
오지랖이 넓다 … 121
웬 떡이냐 … 166
이를 갈다 … 59
이를 갈아 마시다 … 59
이를 악물다 … 44
이름을 걸다 … 159
이마에 피도 안 마르다 … 77
입만 살다 … 127
입맛대로 하다 … 87
입맛을 다시다 … 80
입방아를 찧다 … 53
입방정을 놀다 … 53
입술을 깨물다 … 45
입에 거품을 물다 … 34
입에 게거품을 물다 … 34
입에 자물쇠를 채우다 … 39
입에 침이 마르다 … 33
입을 봉하다 … 39
입이 심심하다 … 45
입이 천 근 같다 … 39

자리가 잡히다 … 161
자취를 감추다 … 91
잔뼈가 굵다 … 105

잔뼈가 굵어지다 … 105
주머니가 가볍다 … 71
주머니가 두둑하다 … 71
죽을 쑤다 … 169
죽이 되든 밥이 되든 … 195
쥐뿔도 모르다 … 129
직성이 풀리다 … 145
진땀을 빼다 … 81
진땀을 뽑다 … 81
쪽박을 차다 … 163

찬바람을 일으키다 … 123
찬밥 더운밥 가리다 … 168
참견을 들다 … 121
척하면 착이다 … 138
철판을 깔다 … 43

코 묻은 돈 … 17
코가 꿰이다 … 11
코가 땅에 닿다 … 27
코를 납작하게 만들다 … 25
코를 빠뜨리다 … 14
코웃음을 치다 … 22
콧대가 높다 … 125
콧대를 꺾다 … 25
콧방귀를 뀌다 … 22
콩 튀듯 … 175
콩 튀듯 팥 튀듯 … 175

퇴짜를 맞다 … 153
트집을 걸다 … 50
트집을 잡다 … 50

파김치가 되다 … 193
파리를 날리다 … 74
팔소매를 걷다 … 101
팔을 걷어붙이다 … 101
피가 거꾸로 돌다 … 135
피가 거꾸로 솟다 … 135
피땀을 흘리다 … 155
피로 물들이다 … 86
피를 보다 … 86
피를 흘리다 … 86
핏대를 돋우다 … 134
핏대를 세우다 … 134
핏대를 올리다 … 134

하늘과 땅 … 185
하늘이 노래지다 … 173
하늘이 캄캄해지다 … 173
한 우물을 파다 … 169
한숨 돌리다 … 57
한술 더 뜨다 … 57
해가 서쪽에서 뜨다 … 183
허리띠를 조르다 … 71
허리띠를 졸라매다 … 71
허파에 바람 들다 … 128
혀끝을 차다 … 33
혀를 내두르다 … 38
혀를 두르다 … 38
혀를 차다 … 33
호주머니 사정이 나쁘다 … 71
호주머니가 넉넉하다 … 71
화살을 돌리다 … 61
화통을 삶아 먹다 … 200

말맛이 살고 글맛이 좋아지는
어맛! 관용구 맛집

1판 1쇄 발행 2022년 3월 18일
1판 5쇄 발행 2025년 1월 10일

글   홍옥
그   림   안주영

펴 낸 이   김유열
디지털학교교육본부장   유규오
출판국장   이상호
교재기획부장   박혜숙
교재기획부   장효순

책임편집   홍옥
디 자 인   김수인
인   쇄   명진씨앤피

펴 낸 곳   한국교육방송공사(EBS)
출판신고   2001년 1월 8일 제2017-000193호
주   소   경기도 고양시 일산동구 한류월드로 281
대표전화   1588-1580
이 메 일   ebsbooks@ebs.co.kr
홈페이지   www.ebs.co.kr
I S B N   978-89-547-6389-9 74700
           978-89-547-5398-2 (세트)

ⓒ 2022, EBS·홍옥·안주영

이 책은 저작권법에 따라 보호받는 저작물이므로 무단 전재 및 무단 복제를 금합니다.
파본은 구입처에서 교환해 드리며, 관련 법령에 따라 환불해 드립니다. 제품 훼손 시 환불이 불가능합니다.